U0917307

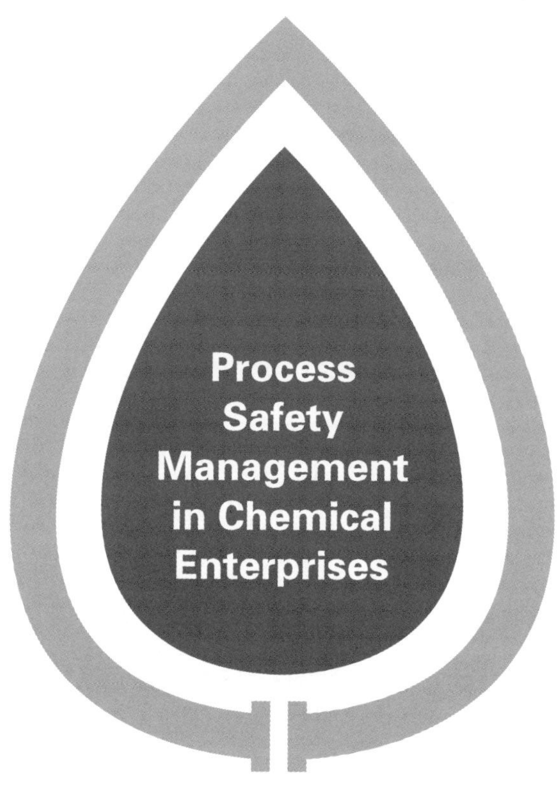

化工企业
工艺安全管理实操

黄娜◎编著

中华工商联合出版社

图书在版编目（CIP）数据

化工企业工艺安全管理实操/黄娜编著. —北京：中华工商联合出版社，2019.7

ISBN 978-7-5158-2514-4

Ⅰ. ①化… Ⅱ. ①黄… Ⅲ. 化工企业－安全生产－生产管理 Ⅳ. ①TQ086

中国版本图书馆 CIP 数据核字（2019）第 104993 号

化工企业工艺安全管理实操

作　　者：黄　娜
责任编辑：于建廷　王　欢
责任审读：郭敬梅
封面设计：久品轩
责任印制：迈致红
出版发行：中华工商联合出版社有限责任公司
印　　刷：河北宝昌佳彩印刷有限公司
版　　次：2019 年 9 月第 1 版
印　　次：2019 年 9 月第 1 次印刷
开　　本：710mm × 1000mm　1/16
字　　数：226 千字
印　　张：16.25
书　　号：ISBN 978-7-5158-2514-4
定　　价：168.00 元

服务热线：010－58301130
团购热线：010－58302813
地址邮编：北京市西城区西环广场 A 座 19－20 层，100044
http：//www.chgslcbs.cn
E-mail：cicap1202@sina.com（营销中心）
E-mail：gslzbs@sina.com（总编室）

导读

安全生产是生产管理最基础最重要的一环工作，也是一项专业性极强的工作。对化工行业来说，安全生产离不开生产制造这个主体，生产制造离不开工艺管理这个核心要素，从这个逻辑出发，工艺安全管理就更重要了。

本书从管理者的安全领导力和承诺、培训、工艺安全信息等 14 个要素全面阐述了化工工艺安全管理。这 14 个要素既相互独立又紧密相连，好比支撑化工工艺安全这个平台的 14 根立柱，各有分工、缺一不可，组合起来就构成了化工工艺安全的基础系统。

第一章介绍的“管理者的安全领导力和承诺”，讲述了人为因素对化工工艺安全的重要影响；第二章、第三章、第四章介绍了化工工艺安全培训、工艺安全信息和工艺危害分析，这是 3 个重要的基础性要素；第五章、第六章、第七章、第八章讲的是开车前安全检查、操作程序、安全工作实践和现场监管及审核 4 个现场实践工作；第九章把变更管理作为单独要素进行全面阐述，强调了变更管理在化工工艺安全管理过程中的重要性；第十章、第十一章介绍了化工工艺安全应急管理和事故管理，这也是任何安全生产管理中必不可少的要素，关系到企业的止损和员工的生死，本书进行了全面阐述；第十二章讲述了承包商管理的重要性，很多化工企业在安全管理实践中容易忽视这个问题；第十三章介绍了机械完整性对化工工艺安全的影响，这是在化工行业现代化进程中对工艺安全的重要要求；第十四章全面介绍了安全文化的意义、建立、实施和推广，这也是高层次、高质量化工企业工艺安全的标志性要素。

笔者在一家成长型化工企业工作了十多年，主要从事生产和供应链领域的工作，随着这家企业的快速发展，经历了从新员工到骨干、经理、总监的职业历程。书里介绍的一些观念和技巧，是笔者在 10 多年的生产安全实践活动中提炼而成，也是笔者基于多年来学习和借鉴不同安全生产管理专家的经验总结而成的。本书的目的是让读者全方位地掌握化工工艺安全管理的 14 个重点要素，提升对化工工艺安全的认知高度和实践水平。

本书的阅读对象包括但不限于安全管理人员、安全工程师、项目经理、生产经理、车间主任、仓储主管、设备主管等。

书中观点或者分析若有不够透彻之处，欢迎读者朋友们给予批评指正！

目录

第四章　工艺危害分析

第五章　开车前安全检查

第六章　操作程序

第七章　安全工作实践

第八章　现场监管及审核

第九章　变更管理

第一章

Chapter 1

管理层的安全领导力和承诺

要使任何一个成功的安全管理系统能给业务带来利益，主体部门必须对商业原则、安全活动的实施有一个全面的认识，并承诺可以在任何一个级别的人员中予以实施。每一个级别的高级管理人员都必须以身作则，设定标准、明确业务的要求与目标，并积极鼓励整个组织人员创造一种安全文化的氛围。只有这样的安全系统才是有效的，才能给个人和公司带来好处，安全管理系统和产品生产的安全才能够作为一种生活方式一直在企业或工厂进行下去。当今市场经济下，没有安全的生产是不能实现和被企业或工厂所容忍的。

一个明确的安全理念，来自企业或工厂的高级管理人员和各组织部门的领导的思想的高度统一，他们可以以系统的安全管理思想，通过一系列的安全知识的培训、安全文化的建设等，使企业或工厂的每一个人都能保证把公司的安全标准和要求实施下去。“安全第一、预防为主”的文化理念，通过企业的安全管理目标把它运用到产品开发、设计、生产、工程施工、销售等工作中，可以有效地减少安全事故的发生。最终企业或工厂能通过人力资源的整合，使用最好的人员以及管理方法，排除安全事故并最终给公司带来实质性的节约，提高公司的社会责任感和道德水平。

在企业或工厂里设立一种安全文化并鼓励执行下去，不仅能产生显著的人力成本效果，它还是企业或工厂得到持续运行的基础。要让企业或工厂内所有的人普遍意识到安全不是在事故发生后才能来处理解决的，而是存在于产品开发、设计、生产等每一个有效产品生命周期的各个阶段中。每个组织的领导者都要对那些能够保安全按时生产出优质产品，并能排除安全事故和简化系统工作的员工个人和各级组织给予表扬和鼓励。这是企业或工厂领导对安全最大的支持与鼓励。如图 1－1 所示。

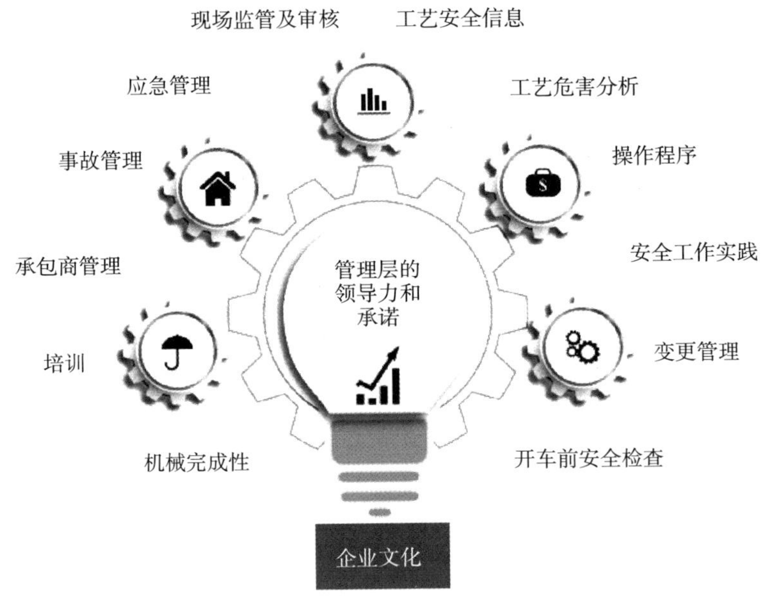

图 1－1　管理层的领导力和承诺

1. 管理层的安全领导力

谈到领导力大家就会觉得太虚，现在我们把安全领导力具体化。首先，明确领导的职责。管理层首要的任务是明确企业所处的安全水平，根据企业未来的发展需求，以及政府对企业关于安全的要求来制定与企业发展相匹配的计划。如表 1－1 所示。

表 1-1　××企业关于安全的未来 5 年计划表

××企业关于安全的未来 5 年计划	
1. 2017 年（第一年） 1）推动并建立“零事故”的安全文化（目前急需） a. 安全方针的制定：注重安全为公司的核心价值观 b. 公司安全资源体系的建立 c. 安全领导力的承诺（制度化）：包括管理层的安全要求，员工的安全要求 d. 安全领导力的绩效考核机制（管理层的考核机制、员工的考核机制） 2）公司关于安全标准的颁布 3）公司 PSM（工艺安全管理）体系的建立：重点在以下三个方面 a. MOC（PSI、PHA、PSSR、PM）的实施情况 b. SOP 的实施情况 c. Hazop 的实施情况 4）公司级事故调查、分享机制的建立：公司安委会（包括 CEO）参与审核每一个伤害事故 5）HSE 的培训机制	
2. 2018 年（第二年） 1）公司安全审核体系的建立：包括工厂级的安全自评估体系的建立 2）Leading Indicators—CIP：安全持续改进计划的实施 3）公司安全标准的颁布（续） 4）公司 PSM（工艺安全管理）体系的完善	
3. 2019 年（第三年） 1）Focus on High Priority：关注高风险业务/区域/工厂 2）Focus on Life Safety Standards：关注生命安全程序的执行 3）公司安全标准的颁布（续） 4）公司 PSM（工艺安全管理）体系的完善	
4. 2020-2021 年（第四年、第五年） 1）Focus on HiPo Incidents：关注高潜在风险事故 2）公司安全标准的更新	

每个组织的领导小组都要根据公司的“宗旨”制定一份安全使命宣言，这份使命宣言要让组织内各层次的人员都参与进来，提出自己的宝贵意见与建议，从而更好更明确地定义出安全的概念。这份使命宣言要使得各层次的员工以保证安全的态度去工作，并向忽视安全的行为发

起挑战。这份使命宣言可以通过下达文件、看板公示、集中培训、班组会议，甚至一对一的传达宣传。这份使命宣言的推广需要采用书面文件的形式，甚至在条件许可的情况下，要举行一些可以评估个人了解掌握使命宣言内容的活动。

这份使命宣言不仅要明确每个组织计划要达到的目标，还要与公司规定的安全目标，如安全事故、工艺事故和安全系统保证能力达成一致，同时需要明确衡量和认可安全态度和行为表现的方式方法。

有了使命宣言，如何保证有效地传递到位呢？这就需要在培训计划中涵盖安全使命宣言的内容，确保在年度公司级、部门级及岗位级培训中传达到每一位员工，尤其要在新的工作年度开启时的第一次培训中完成，保证每一位员工都清楚地知道自己对于安全方面的工作职责和部门本身制定的工作目标。所有员工的行为和表现都要体现出他们对安全的承诺。

领导小组的行为和表现更应该与部门安全宣言的原则、公司的安全政策和程序完全保持一致。本组织的领导者必须是其他员工的行为榜样，唯有此才能有效激发团队员工，以及周围员工的安全意识和行为。组织的领导要保证所有运行的区域都在开展安全文化活动，并且不断地在用行动证明领导者是安全的“教练”而不单单是“领导”。领导者是员工动力的来源，鼓励员工排除工作阻碍，改善安全管理系统，使得个人和系统的能力不断地螺旋提升。领导者还需积极参与到日常安全管理活动中，比如参加安全月度会议、安全事故调查、协助安全培训等。

领导者应该利用一切机会去寻找和应用卓越的管理系统及先进的工艺技术，来保证公司的运作简单化和标准化。比如设计、设施设备、工艺和操作程序，总之领导者要实现在整个公司中采用同一安全标准进行运作。企业的领导者除了在公司内部设立高标准的安全管理规范外，还需要在实际行动中向企业的每一位员工展现他们对安全的重视程度，以及相对应的关于安全的标准作业方法。因此，在企业内部设立一个安全组织，由专业人士组成并“执政”，每天以“排除、预防、控制、杜绝不安全事故的发生”为目标，向企业内部所有人员进行宣导安全知识与理念，提高员工对安全的重视程度。把事故扼杀在萌芽时期，并能在不断的经验总结中提前预知事故并进行改善，让企业时刻在安全的状态下运行。为保证安全生产落实到位，领导者也应一起参与每次的大检查与日常安全行为宣贯，起带头作用，以身作则制定安全承诺书，以实际行动鼓励全员参与到安全生产中。必要时，领导者甚至放下身份，深入基层，与基层一起构建安全生产的环境。如果公司的高层领导者都能以身作则，员工对安全还存在不作为的借口吗？如表 1－2 所示。

表 1－2　企业管理层对安全的理解与承诺示例表

 总经理	 生产副总	 营销总监	 HES 总监
安全是生与死，环保是开与停，生产是多与少	化工人最基本的素质是对安全和环保的尊重，这也是我们公司可持续发展的根基	安全，发自内心认识到岗位的责任，行动比说更重要	工作中每天花 1/3 以上的时间推动安全环保系统
 研发总监	 总经办	 采购总监	 工程部总监
化学实验室常常伴随着各种危险，作为研发骨干，承诺无论反应多么简单，绝不主观臆断，怀着一颗敬畏之心开展各项实验	严守公司纪律，转变思想，优化工作方法，提高作业标准，将危险阻挡在厂门外，完善公司信息安全系统	承诺不以牺牲安全和品质的代价来选择产品和服务，监督供应商在与公司合作时严格遵守我们的安全要求和管理规则	项目管理中，引领项目团队做好 PHA/HAZOP/PSSR 等工作，安全技术、管理双管齐下

2. 各部门对于安全的职责

公司内的每一位员工都要明白保证安全是每一个人的职责所在。安全不是血淋淋的事故后才被改善，它应该是在产品和工艺的设计开发阶段就要考虑的，并在各个生产环节及物流分发阶段得以保持。产品开发、生产、检验、仓储和物流运输人员的控制和操作对安全生产至关重要，整个公司的所有部门及相对应的员工都要明白自己所要负责的日常安全工作、这些工作应该怎样执行和保证安全生产。如表1－3所示。

表1－3　企业内各部门安全责任清单

序号	部门	对于安全的职责	备注
1	管理层	a. 制定企业的安全目标 b. 执行企业对安全的要求及支持力度 c. 对安全的承诺及态度	
2	EHS	a. 根据企业对安全制定的目标，制定一系列符合企业发展要求的相关安全保障措施与制度 b. 建立安全全员参与制度，提升全员参与安全文化建设，加强全员参与力度 c. 监督企业的一切与安全相关的行为与活动 d. 寻找一些外协单位：有资质的第三方固废处理公司	
3	调度	a. 监督企业的所有与安全相关的日常行为与活动，确保所有的厂内活动按安全标准执行 b. 在遇到安全保障需求时，充分调动企业内的资源保障安全行为 c. 组织员工参与安全相关的活动，提升员工的全员参与力度与安全文化建设	
4	公用工程	a. 确保企业内所提供的公用资源都在安全的状态下运行 b. 对公用系统（如蒸汽、锅炉、热油、污水管网等）进行日常的监管与安全升级 c. 组织员工参与安全相关的活动，提升员工的全员参与力度与安全文化建设	

续表

序号	部门	对于安全的职责	备注
5	机电仪	a. 确保企业内的所有机器、设备、电汽、仪表都在安全的状态下运行；对安全用电常识等定期进行培训，增强员工的日常用电安全知识 b. 开展一系列关于机电仪设备的日常维护工作，把问题定在前期维护中解决，避免出现重大的设备安全问题 c. 组织员工参与安全相关的活动，提升员工的全员参与力度与安全文化建设	
6	生产部	a. 将企业下达的目标分解到各生产区域，制定一系列符合安全生产的措施与制度 b. 定期组织识别生产区域的危险源，以及制定相对应的规避措施；监督生产区域的所有生产安全行为；确保生产环境的安全 c. 组织员工参与安全相关的活动，提升员工的全员参与力度与安全文化建设	
7	质保部	a. 主导企业安全体系的运行，协助安全部门做好企业的安全体系运营与维护，定期组织内部审核 b. 做好部门内部的安全管理工作，对部门特有的一些设备、设施与危化品做好台账与安全管理 c. 组织员工参与安全相关的活动，提升员工的全员参与力度与安全文化建设	
8	仓储物流部	a. 做好仓库内部的日常安全管理工作，特别是危化品仓库更要按要求执行 b. 对仓库内部所使用的特种设备做好日常维护与使用安全管理，定期按要求进行年度审核 c. 规划好仓库与工厂所有区域的物流方向与通道，做好产品装车管理规范与日常监控 d. 组织员工参与安全相关的活动，提升员工的全员参与力度与安全文化建设	
9	研发部	a. 研发产品的配方，落实试产与放大生产的安全操作细节，做好生产的安全交接工作；在正式生产前，与生产员工进行详细的安全分析 b. 制定产品的 MSDS，把产品的关键控制点，以及相对应的生产反应和设备运行原理向技术部、生产部传达 c. 组织员工参与安全相关的活动，提升员工的全员参与力度与安全文化建设	

续表

序号	部门	对于安全的职责	备注
10	技术部	a. 制定产品的生产操作规程与关键控制点，确保生产过程的安全 b. 跟踪新产品的生产，确保新产品能正常转向大生产。跟踪、观察产品的日常生产，对于有产品质量问题及生产异常的，第一时间做出排查并确认生产过程是否处于安全状态。对于存在安全问题的生产过程，第一时间制止并指导做出相对应的整改 c. 组织员工参与安全相关的活动，提升员工的全员参与力度与安全文化建设	
11	业务部	a. 当生产部门出现重大安全隐患时，对订单的交付做好相对应的协调工作，配合生产部门的安全整改活动 b. 做好企业与安全相关的知识与活动的宣传，提升企业的社会责任感 c. 组织员工参与安全相关的活动，提升员工的全员参与力度与安全文化建设	
12	HR	a. 组织好员工的日常安全培训与考核 b. 制定符合社会水平的薪酬政策，稳定员工的正常生产作业 c. 组织员工参与安全相关的活动，提升员工的全员参与力度与安全文化建设	
13	行政部	a. 创造稳定、安全的企业运营环境，做好安全的相关标识与危险源识别 b. 定期组织工厂内部关于虫害的处理工作 c. 组织员工参与安全相关的活动，提升员工的全员参与力度与安全文化建设	
14	采购部	a. 按工厂的需求协助采购符合安全标准的设备与备品、备件，确保生产的顺利和安全进行 b. 组织员工参与安全相关的活动，提升员工的全员参与力度与安全文化建设	
15	财务部	a. 对于企业在安全上所需花费的合理费用，财务部第一时间响应并予以支持、配合 b. 组织员工参与安全相关的活动，提升员工的全员参与力度与安全文化建设	

各部门领导在日常工作中除了需要在安全的相关工作与操作上以身作则外，还需要把自己所管辖的区域中的危险源识别出来，并对其制定相对应的安全防范措施。让员工以一种“时刻把安全放在第一位”的意识去对待身边的每一项操作与关注身边的所有设施、设备，高度、认真地对待每一个安全事件，并用系统的分析方法和工具去剖析其中的原因及纠正预防措施。安全要做到：防范为主，但安全事件发生了，则需通过一系列的分析工作让它不再有再次发生的机会。

3. 管理层的行为影响力

在企业内部，管理层要了解企业对于安全的定位，以及相对应的政策下所要采取的一些安全策略。

在制定企业的安全问题的大方向下，首先是对企业的危险有害因素进行全面的分析，确定可能发生的事故类型及危害程度，针对危险源和事故危害程度，制定相应的防范措施；客观评价企业的应急能力，掌握可利用的社会应急资源情况，并在充分征求相关部门和各级人员的意见后，修订完成《企业生产安全事故应急预案》。应急预案的制定，能使企业各区域及生产人员清晰地了解企业内部的危险源，以及事故可能造成的危害程度。同时，让他们也掌握一定的应急处理事故的措施。遇到事故时，能第一时间反应并做出相对应的处理，把事故的损害降至最低。

其次，要在体系的规范和要求下，制定一系列的规章制度让员工遵循，并定期做安全环保宣传及法规教育。把法规的要求转换成适合公司的相关制度，让企业上下都有可执行的规章制度来约束所有与安全相关的行为。如表 1 – 4 所示。

表1－4　一般化工企业内部实施的与安全相关的制度清单

《企业安全总规程》	《劳动防护用品管理制度》	《安全投入保障制度》
《安全作业管理制度》	《环保安全设施维护保养制度》	《劳动防护用品配备标准》
《安全环保责任制》	《厂内交通安全管理制度》	《安全环保检查制度》
《安全环境目标管理制度》	《储罐区管理制度》	《安全环保教育培训制度》
《消防安全管理制度》	《动土作业管理制度》	《安全环保会议制度》
《危险化学物品管理制度》	《防火、防爆、防尘及防毒管理制度》	《安全环保值班制度》
《固体废弃物管理制度》	《厂内非机动车辆安全管理规定》	《承包商安全环保管理制度》
《特种设备管理制度》	《新改扩工程三同时管理制度》	《外来相关方安全环保管理制度》
《化学品仓库安全管理制度》	《生产设施安全拆除报废制度》	《危险化学物品事故救援预案》
《局限空间作业管理制度》	《动火作业管理制度》	《火灾爆炸类事故应急救援预案》
《高处作业管理制度》	《生产设施安全检维修管理制度》	《企业突发公共事件总体应急预案》
《易制毒化学品管理制度》	《生产设施安全管理制度》	《企业突发公共事件总体应急预案》
《剧毒化学品管理制度》	《职业危害管理制度》	《企业突发自然灾害事故应急预案》

在安全的法律法规及公司的规章制度下，管理层所表现出来的对企业内部安全系统及安全体系构建的投入，在企业的生产环境上，致力于整个工厂的污水和废气排放的标准化及危化品的管理规范化。对于企业工厂内的污水排放设定严格的标准，各生产区域做到按要求排放，如在污水排放上超出标准的，积极要求并协助车间做工艺改善，在改善后仍不达标准的，下达停产整改指令，直至排放达标为止。而对于企业内部的整个污水管网，雨污分离是最基本的要求。

因此，企业管理层在全面剖析工厂的雨水管网的分布后，应做出管网是否对安全环保造成影响而进行整改的评估，甚至是投入一些先进的设施设备对污水进行前期处理。而对于一些危化品，再也不是随便找人处理或私自处理了事，而是收集起来寻找有处理资质的公司进行处理。对于一些有废气排放或刺激性气味排放的企业，通过工艺改善甚至是尾气处理系统的加装/升级，对废气的排放做严格的控制及气味排放的监控，做到零排放。只有这样，整个工厂的生产环境才能有序、持续地进行，企业管理层对于安全的每一分投入都能在安全生产过程中得到价值的体现与相对应的回报。

企业除了在生产环境上做出相对应的投入来确保与提升安全的生产基础外，对于一些车间内的生产设备，也应该从安全的角度重新或定期审视其安全性能。对于一些不能达到安全标准要求，或因为设备老旧存在安全操作风险的，企业应约束生产部门做出设备的整改或工艺技术的提升，来规避生产设备在生产过程中产生不安全的风险。甚至在一些设备经评估过后得出安全风险高、不适应继续投入生产的，应第一时间要求停产或购置一些新型设备再投入生产使用。这种高投入的决策，正是管理层自身对安全的要求与承诺的表现。

安全，对企业来讲绝对是一门专业课程。在当今法律法规对企业的生产安全要求越来越严格的情况下，企业自身的一些安全行为，以及相对应的政策与策略也需要做出相对应的调整，对安全的管控手段也需要做出相对应的升级。仅靠经验及推测来管控安全的行为，已经不足以满足当今日益升级的生产设备及操作人员的需求了。因此，企业需要引进一些在安全上有比较高专业知识度，或在行业中在安全方面比较有口碑的专业人才。他们的加入，为企业带来一些比较系统的和先进的安全管理理念及安全管理方法。定期邀请一些专业的安全管理团队或顾问，到企业现场进行诊断，在诊断过程中不断提高现场的安全管理水平，以及现场管理人员的安全知识水平。同时，定期的安全专业培训也是不断提升现场管理人员对安全的专业知识与水平的一种有效的方法。只有通过系统的、专业的培训，现场的管理人员及操作人员对安全的辨识度才会进一步提升，形成系统的管理手段，才能真正做到“安全第一、预防为主”。

企业对于安全的投入，最终想得到持续的运营，必须是依靠相对应的体系来进行规范与约束的。因此，企业要不吝于对员工的一些安全知识的再教育投入、安全活动的参与与支持，全力支持安全部门对于企业内部安全系统的建设与体系的推进，按体系的要求来约束和规范一切与安全相关的行为活动，依靠体系的标准化要求运行。只有这样，员工的生命财产才能得到切实的保障，企业的安全生产才能得以持续运行，才能长久生存与盈利。

对于管理层，自身的一些自我约束行为及对安全的表现，最能影响生产现场人员投入到安全生产的行为，这也是安全管理中最有效的方法。我们遇到一个例子：一个企业最基本的安全行为——全员佩戴劳保用品。一个从无到有的过程，需要经历漫长的行为约束及宣贯。作为企业的总经理，在推行此政策时，只要他一进工厂的大门，就按标准化穿戴要求约束自己：佩戴好安全帽，帽子的绳子拉至紧贴下颚；佩戴防护眼镜；全身换上标准工作服；穿好防护劳保鞋；配上防爆手机或不带手机；在厂区内按“人流”通道的方向与轨迹行走。在巡检过程中如发现不安全的行为，会第一时间制止并上前解决，给相应的操作人员做培训。有时还会亲自操作，给现场操作人员做好“示范”。

刚开始，员工对于企业推行“全员佩戴劳保用品”的要求颇有意见，但总经理的日日影响及企业内部的宣传，慢慢地，工厂内部的人员开始接受此要求并不断地发现此要求所带来的安全保障措施。经过约6个月的规范与管理层的现场活动的影响，“全员佩戴劳保用品”成了员工进入工厂的准备工作。所以，实实在在的行为比一切口号更真实、有效。管理层依靠对自身安全行为的约束，以及现场实际操作的影响，最终达到的目的是“全员参与”。因此，管理层应该在全员参与的过程中起到带头作用，根据生产的实际情况，结合员工的特点，制定一系列“全员参与”安全文化建设的项目和措施。如表1－5所示。

表1-5 ××化工企业全员参与安全文化建设计划表

序号	项目	内容	参与人员	频次
1	隐患排查与治理（Hazard）	a. SUSA 安全观察 b. PTW 许可证检查 c. JSA 审核 d. Leadership 领导带班	全体人员	每人每周一次
2	事故报告、调查与分享（Incidents）	a. 所有事故必须立即报告，8 小时内书面报告 b. 所有事故必须做 RCA，48 小时内完成 c. 所有事故必须在 RCA 完成后与全体人员分享	全体人员	每年须上报 200 个近似事故
3	安全程序自查（Procedures）	a. 制定年度安全程序自查计划 b. 每个程序设定一个自查小组	由各部门代表组成自查小组	自查小组每月至少审查 1～2 个程序
4	标准操作程序审核（SOP）	a. 制定年度 SOP 标准操作程序审核计划 b. 每个 SOP 程序设定一个审核小组	由各部门代表组成审核小组	审核小组每月至少审查 1～2 个 SOP
5	变更管理（MOC）	a. MOC 执行的质量审核 b. 现场有变更却没有执行 MOC	由各部门代表组成审核小组	审核小组每月审查当月 MOC 执行情况
6	工艺危险性评估（PHA）	a. 三年工艺危险性评估计划 b. Hazop、WhatIf 等工具的使用	由各部门代表组成评估小组	审核小组每月评估一个工艺节点
7	预防性维修（MI 机械完整性）（PM）	a. 安全、环保等关键设备可靠性维修计划 b. 特种设备管理计划	维修、工艺、安全组成评估小组	评估小组每月评估 PM 执行情况
8	试运行前安全检查（PSSR）	新项目、新设备投入运行前	维修、工艺、项目、安全组成评估小组	评估小组每月评估 PSSR 执行情况
9	危化品管理（Chemicals）	a. 各部门化学品目录 b. 危化品储存管理 c. 应急准备	由各部门代表组成审查小组	审查小组每月审查危化品管理情况

续表

序号	项目	内容	参与人员	频次
10	安全培训(Training)	a. 培训记录 b. 现场检查有发现项时的再培训情况	由各部门代表组成审查小组	审查小组每月审查培训执行情况
11	法规符合性自查(Compliance)	a. 法规符合性自查 b. 以上所有检查、审核的发现项的整改符合性	由各部门代表组成审查小组	审查小组每月审查符合性情况
12	安全委员会、安全日活动	a. 以上所有发现项及整改情况在安委会上汇报 b. 安全日以应急演练、演示告知内容为主	全体人员(或代表)	每月一次安委会 每月一次安全日活动

第二章

Chapter 2

培 训

安全是一个关系企业生与死的问题。安全源于责任，源于防范，源于细节。安全在于严格的理念，更在于对人对己的爱。人只有在安全的环境下才能安心地干活，才能给予企业创造利润的空间。在企业内，主管有提供组织内成员工作安全的义务，组织内成员有遵守工作安全的责任。主管作为组织内部的领导，应该在安全上起带头、标杆作用，不可漠视不安全行为和环境的存在，在安全问题上争取各种资源来做修复，务必使得自己所看到的区域、设备、人、物料等处于一个相对稳定和安全的状态。作为员工，应该时刻保持“人人事事保安全，关键要从我做起”的思想理念，在生产过程中自觉遵守劳动纪律和安全操作规程，从“要我安全”转向“我要安全、我应安全、我能安全、我懂安全”。

在企业内部，培训是企业让员工获得知识与宣传的最好方式。对于安全的全员参与与宣贯来说，培训是必不可少并且是一定要定期进行的。对于新进员工，新员工安全培训是首要进行的。他通过进行公司级的安全培训、部门级的安全培训及岗位级的安全培训，才能让员工可以提前充分了解企业的安全知识、企业在生产运营过程中安全风险点，以及企业相对应的安全措施与规章制度。员工只有在第一时间接触企业的文化理念，才能遵守与执行。与此同时，不同级别的安全培训，更能让员工从企业的大局到生产的各个细节上去关注安全，才能起到安全培训该有的作用。

案例：现场装置操作培训

某企业一直都注重培训，无论是新员工入职培训、员工公司级培训、员工部门级培训还是岗位培训，都按培训的需求制定年度培训计划、培训实施情况的分析与总结。但在每月度召开安全会议时，都对安全事故发生的次数，以及事故的类型表示惊讶：每月几乎都有1～2起因为现场操作不当导致的安全事故。

既然培训计划实施得那么好，为什么每月都有类似的事故发生呢？到底出了什么问题？

后来安全部门负责人、厂长、生产经理做了一次详细的分析，根据现场操作人员的表述及事故特征，最终得出的结论是：培训都是在室内做理论或现场指导的培训，现场操作人员压根就没有真正理解其中的意思和操作的原理，所以在实际操作过程中容易出现操作失误导致安全事故的发生。

知晓原因后，为了加强培训效果，该企业决定改变培训方式。

一是培训后一定要考试，并在考试合格后才能上岗作业。

二是准备一套缩小版的生产设备，供培训时做设备运行原理与操作原理的介绍，培训后现场培训人员要依照操作关键点进行现场设备的操作，操作验证合格后方可上岗。

三是到生产现场进行生产作业时，当班班长作为带领者在旁指导现场操作，现场操作持续一段时间后，经确认熟悉整个操作流程后方为整个培训合格，才可上岗作业。

经过这一培训方式的改变，类似的安全事故已由原来的每月1～2起变成半年度才会发生一次甚至完全没有发生，取得了较为明显的效果。

1. 新员工安全培训

安全培训以技能传递为主，时间侧重在上岗前。为了达到统一的科学技术规范、标准化作业，通过目标规划设定、知识和信息传递、技能熟练演练、作业评测、结果交流公告等现代信息化的流程，让员工通过一定的教育训练技术手段，达到预期的水平。员工在工作和任务要求下，接受培训获得知识、技能和操作经验以预防工艺安全事故。缺乏适当的培训会导致人为失误增加，造成工艺安全事故。一般情况下，新员工安全培训都要涵括：厂级安全教育培训、车间级安全教育培训及岗位（工段、班组）级安全教育培训。任何新进员工都不能独自操作现场的任何设备，必须要采取“老带新”的模式。

厂级教育主要是讲解劳动保护的意义、任务、内容和其重要性，使新入厂的职工树立起“安全第一”和“安全生产人人有责”的意识。介绍企业典型事故案例和教训，抢险、救灾、救人常识及工伤事故报告程序等，厂级安全教育一般由企业安全部门负责。车间级安全教育主要是介绍车间的概况，根据车间的特点介绍安全技术基础知识、防火知识、学习安全生产文件和安全操作规程制度等，它一般由车间主管负责进行。而班组教育，一般是由班组长讲解生产的特点、作业环境、危险区域、设备状况、消防设施等，同时告知员工他所负责的岗位的安全操作规程和岗位责任，在生产过程中如何使用和爱护劳动保护用品，利用现场操作员工的规范操作向新员工展示标准的、安全的操作动作。

开展三级安全教育的形式是丰富多彩的，它可以是组织观看视频、利用安全事故进行分析培训、通过安全小品来讲解或建立缩小版的“生产现场”来做模拟操作培训等。总之，三级安全教育是新职工入厂接受的第一次正规的安全教育，因此我们应以对职工生命高度负责的责任感，严把关口，扎扎实实地开展好三级安全教育，使他们从第一次就树立起正确的安全观，积极投入安全生产。如表2－1所示。

表2－1　新员工安全培训主要内容表

培训类别	培训主要内容	培训负责部门
厂级安全教育培训	1. 安全生产法规、安全知识教育及公司安全生产的责任 2. 企业有关的安全规定 3. 厂部对劳动保护的意义、任务、内容及其重要性，树立安全意识 4. 事件发生的规律、统计和预防知识 5. 介绍企业典型事故案例和教训，以及相关的事故报告程序等 6. 厂区疏散指示图	安全部门
部门/车间级安全教育培训	1. 部门安全生产的责任 2. 部门制度规定、考核方案 3. 特种作业要求、劳动保护、安全检查 4. 事件回顾、分析及处理 5. 部门应急预案的相关内容的学习 6. 部门安全、职业健康危害、环保的注意事项 7. 危险源清单、环境因素清单及辨别方法的学习 8. 部门区域疏散指示图	部门负责人/车间主任
岗位（工段、班组）级安全教育培训	1. 对从业人员交代清楚班组生产工作概况、工作性质及范围 2. 新工人经培训合格后从事相应的工作，由于技能不强，班组应该对其工作对象的性质和相应的安全知识、各种机具的规范使用、安全防护措施等进行培训 3. 班组应该清楚新来工人所在岗位安全操作规程 4. 对容易发生事件的危险、要害部位和劳动保护用品的使用给予清楚的交代 5. 班组安全生产基本要求	班组长

2. 员工公司级安全培训

安全教育不是单一时刻的事情，它是一个长久、持续进行的事件，必须持之以恒。只有这样，安全意识才能在日常的不断重复与点滴安全活动中建立并在员工心目中扎根，形成“人人关注安全、安全第一、预防为主”的安全管理理念。虽然每一位企业的员工在新进公司时，都会进行“新员工安全培训”，都已经囊括了公司级、部门级及岗位级安全培训。但是面对不同时间段，无论是政府还是企业内部，对企业的安全都会有不同的要求与管理方法，加上安全是一项持续“工程”，决定了员工的公司级安全培训更加不能松懈与中断。

在安全法里面，对工业安全有明确的法律法规要求，企业内部所有的制度及行为都必须按法律要求制定并按要求执行，做到有法可依。面对不同的形式与环境，政府对安全法规的解读会有所变动，但总的来说是往越来越严谨的方向发展，因此政府会召集企业的安全负责人定期参与安全会议或座谈会。而企业也是一样的，面对越来越大的安全环保压力，法规教育不可忽视，除了组织员工定期学习外，还可以让员工登录安全网去学习一些最新的法规条文与政府解读，进行完每一次法规教育后必须有考核。

除了一些大政策或安全目标的宣贯外，企业也要定期组织一些安全技术必备的知识培训。如何防爆、如何防火、如何防电是企业人员要掌握的最基本的安全技术知识。

爆炸，是指物质在一定外界因素的激发下，瞬间产生激烈的体积变化并释放出大量的能量和气体的一种现象。爆炸事故，是生产、实验、科研活动中最常见的事故之一，极易造成人身伤亡，因而它是一种严重的灾害事故。对于如何防爆，首先要在思想上对爆炸事故的性质、危害随时有足够的认识，并且有高度的警觉性。对于化学物品的保管、使用和储存做好管理，特别是对压力容器要做好定期检验。在生产或参加实验时，必须严格遵守操作规程和操作步骤，必要时采取双人协助的方式，确保能实时监控容器的温度与压力。在与易燃易爆品接触时，要做好七防：防止可燃气体、粉尘与空气混合，防止明火，防止摩擦和撞击，防止电火花，防止静电放电，防止雷击，防止化学反应。而在生产车间，需要根据物料性质对现场的设备是否需要用防爆做好选择，对于易燃易爆要求高的车间，则尽量选用防爆设备。

如何防火？重点就是不引进火种和识别出来对现场易引起火种的危险源并加以整改。要求生产现场的员工不得带入火花和手机，进厂的员工或外来人员都必须要在进厂前把手机、打火机等能引起火花的物品放置在厂外。对于生产设备做好维护与保养，不会因为缺乏保养而导致磨损或摩擦引起火花。现场的消防设施做好日常维护，安全通道保持通畅。

如何防电？因为电是我们日常生活中接触得最多的，因此防电知识是大家掌握得最多的，同时也是大家最容易麻痹的事情。在生产现场，员工要认识和了解电源的总开关，学会在紧急情况下关断总电源。不用湿手和湿布擦拭电器，不用手或导电物去接触、探试电源插座内部。电器使用完毕后应拔掉电源插头，插拔电源插头时不要用力拉拽电线，防止电线的绝缘层受损造成触电；电线的绝缘皮剥落，要及时更换新线，或者用绝缘胶布包好。不随意拆卸、安装电源线路、插座、插头等，哪怕安装灯泡等简单的事情，也要先切断电源。发现有人触电要设法及时切断电源，或者用干燥的木棍等物将触电者与带电的电器分开，不要用手直接救人。

要想员工们时时刻刻把安全铭记于心，企业一般的做法是拉横幅。除此之外，还可以定期组织“安全知识竞赛”，发放题库与安全知识学习资料，通过初赛可以让大部分人参与安全知识的学习，再通过现场的比赛，无论是比赛者还是观赛者，都已经在那个氛围下感受并学习到安全知识了。还可以利用现有的高科技，把企业曾经经历过的安全问题或事故，利用事故重演的方式，用视频记录下来制作成宣传片，通过在特定区域反复播放的方式向员工宣传，提高他们的安全意识。

对于生产现场，通过车间主管对现场安全的检查，以实际行动让员工时刻把安全放在最主要的位置上，做到在生产时任何一个动作都先联想到安全，操作是否符合安全的要求与规定。总的来讲，思想教育作为安全生产教育制度的形式之一，核心内容就是把安全两个字刻进员工的脑子里，让员工的行为时刻都能符合安全生产的要求，同时用安全的行为指导和影响其他人。

3. 员工部门级安全培训

员工部门级安全培训，是指调动工作的工人在分配到各业务单位或部门内部后，发生设施、设备变更后，或部门内部定期组织的安全教育，由业务单位领导或该部门负责安全的领导，进行安全员教育。教育内容主要包括：本企业的生产概况，必需遵守的安全健康规章制度，主要危险有害因素分布状况，预防工伤事故和职业病的主要措施，典型事故案例及事故应急处理措施等。如表 2－2 所示。

表 2－2 员工部门级安全培训内容表

教育内容	详细的内容清单	备注
本企业的生产概况	1. 年生产量及生产车间的数量 2. 主要生产产品及产品类别 3. 主要用到的生产反应设备及其原理 4. 危化品的清单及其使用量	
必需遵守的 安全健康规章制度	1. 《特殊作业管理规范》 2. 《职业健康安全管理制度》 3. 《局限空间、高空作业管理制度》 ……	
主要危险有害因素分布状况	1. 各部门《危险源与重大不可承受风险清单》 2. 定期对危险源进行回顾与重新识别 3. 对危险源进行标识或制定相对应的应对措施	
预防工伤事故和职业病的主要措施	1. 工伤、职业病的判定方式 2. 历来部门的工伤事故、职业病清单与案例分析 3. 工伤事故的应急处理方案与措施 4. 职业病的鉴定程序与处理流程	

续表

教育内容	详细的内容清单	备注
典型事故案例及事故应急处理措施	1. ××重大安全事故分析 2. ××危化品泄露应急处理方案 3. 生产反应爆聚处理方案 4. ××生产设备起火应急处理方案 ……	

4. 员工岗位级安全培训

员工岗位安全培训，是指由班组长对在岗位工作的工人进行的上岗前或在岗时的安全教育。教育内容主要是：班组安全生产概况、工作性质和职责范围、应知应会、岗位工种的工作性质、安全技术操作规程、各种安全防护设施的性能和作用、工作地点的危险源控制方法、个人防护用具的性能和使用方法、典型事故案例。

不同岗位的员工，都要具备该岗位所应有的技术，因此安全技术教育是每个岗位员工必须掌握的基本知识。它主要是指对从事各种作业的员工进行的安全操作技术教育，包括岗位安全操作规程规范与操作训练，特殊工种的操作培训，新技术、新设备、新设施的使用操作等教育。

在企业里，不同岗位的操作要求与安全风险点也不一样，因此车间主管需要定期与员工一起去现场识别与更新危险源，同时对照员工的操作是否跟操作规程一致，对风险点制定一系列的整改措施以起到保护员工的作用，对于一些安全隐患则需做停产检修以保证安全运行。对于任何一个新环境或设备，都需要提前做危险源识别与安全分析，对设备做全面的“拆解”，把设备的关键控制点标记好制定完操作规程后按要求培训员工，并让员工做现场操作考核。

除此之外，还可以把操作规程制作成流程看板，把最标准的操作要求以图片的形式现场展示。对于一些设备控制的关键点，利用 DCS 的报警监控功能进行实时监控，超高限与超低限的温度或压力等做实时报警，让工艺技术员及时对问题进行反应整改，以防止事故的发生。如生产现场的设备有统一性的，可选择同理的设备做微型的生产现场模拟，把缩小版的“反应釜”与现场环境作为员工培训的资料，让员工的安全操作培训能在真实的环境下进行，还可以模拟更多“操作事故”的应急处理措施，防患于未然。

《劳动法》第 55 条有规定：对于拥有特殊作业资格证书的人员，还必须进行定期的特殊工种教育，它要求从事特种作业的劳动必须经过专门的培训并取得特种作业资格。特种作业人员必须按照国家有关规定经专门的安全作业培训，并取得特种作业操作资格证书的方可上岗作业。在企业里，如果有涉及这些特种作业的，均需要进行特殊工种教育并取得证书方可上岗，如电工作业、金属焊接切割作业、起重机械（含电梯）作业、企业内机动车辆驾驶、登高架设作业、锅炉作业（含水质化验）、压力容器操作、制冷作业、爆破作业、矿山通风作业（含瓦斯检验）、矿山排水作业（含尾矿坝作业），由省、自治区、直辖市安全生产综合管理部门或国务院行业主管部门提出，并经国家经济贸易委员会批准其作业。企业要对拥有特殊作业资格证书的人员建立档案，定期组织他们进行证书复审，日常对操作做好跟踪，以便审查持证人士能满足特种作业要求与制止无证人员的私自上岗操作。

第三章

Chapter 3

工艺安全信息

1. 工艺安全信息的要素

工艺安全信息，是指物料的危害性、工艺设计基础和设备设计基础的完整、准确的文件化的信息资料，主要包括化学品危害信息、工艺技术信息和设备安全信息三大类。这些资料可以帮助员工理解工厂的工艺系统如何运行，以及为什么要以这样的方式运行。它是开展工艺危害分析的依据，也是安全管理系统其他要素的基础。如图 3－1 所示。

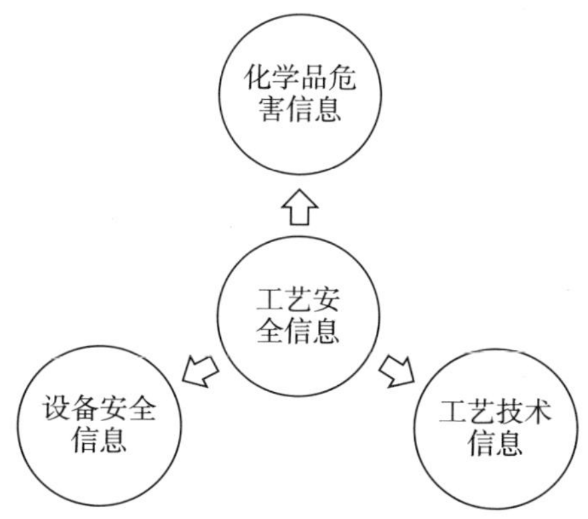

图 3－1　工艺安全信息三要素

在工厂里，只要是开展以下工作，都需要参考相关的工艺安全信息：

（1）进行工艺系统的危害分析；

（2）审查对工艺系统的变更；

（3）编撰操作程序和培训操作人员的材料；

（4）执行投产前安全检查；

（5）测试相关设备以实现工艺设备的机械完整性；

（6）编写应急预案；

（7）开展事故调查；

（8）帮助承包商认识工艺过程中潜在的危害。

化学品危害信息主要包括工艺过程中原料、催化剂、助剂、中间产品和最终产品等物料的信息，其中至少包含：毒性、允许暴露限值、物理参数（如沸点、蒸气压、密度、溶解度、闪点、爆炸极限）、反应特性（如分解反应、聚合反应）、腐蚀性数据、腐蚀性及材质的不相容性、热稳定性和化学稳定性（如受热是否分解、暴露于空气中或被撞击时是否稳定；与其他物质混合时的不良后果、混合后是否发生反应）、对于泄漏化学品的处置方法，主要体现为化学品安全技术说明书的信息内容。工厂需要书面保存其生产、储存或使用的化学品（包括原料、中间产品和成品）的安全技术说明书，只有这样，才能使员工在遇到相应的化学品时，能正确评估着火或爆炸的特征、反应对工艺设备的腐蚀及对人体健康的影响。

某国内领先的专业检测公司规定化学品安全技术说明书（MSDS）必须包括一些必要的内容，但是仍允许供应商按照自己的情况编写 MSDS。依据国际标准 ISO 11014 －1，目前我国已编制了关于 MSDS 的编写规定。它要求 MSDS 包含下列 16 项内容：

（1）化学品及企业标识；

（2）成分、组成信息中心；

（3）危险性概述；

（4）急救措施；

（5）消防措施；

（6）泄漏应急处理；

（7）操作处置与储存；

（8）接触控制/个体防护；

（9）理化特性；

（10）稳定性和反应性；

（11）毒理学资料；

（12）生态学资料；

（13）废弃处置；

（14）运输信息；

（15）法规信息；

（16）其他信息。

表 3－1　氢氧化钠 MSDS

第一部分　化学品名称		
化学品中文名称	氢氧化钠	
化学品英文名称	odium hydroxide	
中文名称 2	烧碱	
英文名称 2	Caustic soda	
技术说明书编码	813	
CAS No.	1310－73－2	
分子式	NaOH	
分子量	40. 01	
第二部分　成分/组成信息		
有害物成分	含量	CAS No.
氢氧化钠	≥99. 5%	1310－73－2
第三部分　危险性概述		
危险性类别		
侵入途径		

续表

健康危害	本品有强烈刺激和腐蚀性。粉尘刺激眼睛和呼吸道，腐蚀鼻中隔；皮肤和眼睛直接接触可引起灼伤；误服可造成消化道灼伤，黏膜糜烂、出血和休克	
环境危害	对水体可造成污染	
燃爆危险	本品不燃，具强腐蚀性、强刺激性，可致人体灼伤	
第四部分　急救措施		
皮肤接触	立即脱去污染的衣着，用大量流动清水冲洗至少 15 分钟；就医	
眼睛接触	立即提起眼睑，用大量流动清水或生理盐水彻底冲洗至少 15 分钟；就医	
吸入	迅速脱离现场至空气新鲜处；保持呼吸道通畅；如呼吸困难，给输氧；如呼吸停止，立即进行人工呼吸；就医	
食入	用水漱口，饮牛奶或蛋清；就医	
第五部分　消防措施		
危险特性	与酸发生中和反应并放热。遇潮时对铝、锌和锡有腐蚀性，并放出易燃易爆的氢气。本品不会燃烧，遇水和水蒸气大量放热，形成腐蚀性溶液。具有强腐蚀性	
有害燃烧产物	可能产生有害的毒性烟雾	
灭火方法	用水、砂土扑救，但须防止物品遇水产生飞溅，造成灼伤	
第六部分　泄漏应急处理		
应急处理	隔离泄漏污染区，限制出入。建议应急处理人员戴防尘面具（全面罩），穿防酸碱工作服。不要直接接触泄漏物。小量泄漏：避免扬尘，用洁净的铲子收集于干燥、洁净、有盖的容器中。也可以用大量水冲洗，用水稀释后放入废水系统。大量泄漏：收集回收或运至废物处理场所处置	

续表

第七部分　操作处置与储存		
操作注意事项	密闭操作。操作人员必须经过专门培训，严格遵守操作规程。建议操作人员佩戴头罩型电动送风过滤式防尘呼吸器，穿橡胶耐酸碱服，戴橡胶耐酸碱手套；远离易燃、可燃物；避免产生粉尘；避免与酸类接触；搬运时要轻装轻卸，防止包装及容器损坏；配备泄漏应急处理设备；倒空的容器可能残留有害物；稀释或制备溶液时，应把碱加入水中，避免沸腾和飞溅	
储存注意事项	储存于阴凉、干燥、通风良好的库房；远离火种、热源；库内湿度最好不大于85%。包装必须密封，切勿受潮。应与易（可）燃物、酸类等分开存放，切忌混储。储区应备有合适的材料收容泄漏物	
第八部分　接触控制/个体防护		
职业接触限值		
中国MAC（mg/m^3）	0.5	
俄罗斯MAC（mg/m^3）	0.5	
TLVTN	OSHA $2mg/m^3$	
TLVWN	ACGIH $2mg/m^3$	
监测方法	酸碱滴定法；火焰光度法	
工程控制	密闭操作，提供安全淋浴和洗眼设备	
呼吸系统防护	可能接触其粉尘时，必须佩戴头罩型电动送风过滤式防尘呼吸器。必要时，佩戴空气呼吸器	
眼睛防护	呼吸系统防护中已做防护	
身体防护	穿橡胶耐酸碱服	
手防护	戴橡胶耐酸碱手套	
其他防护	工作场所禁止吸烟、进食和饮水，饭前要洗手。工作完毕，淋浴更衣。注意个人清洁卫生	
第九部分　理化特性		
主要成分	含量：工业品一级≥99.5%；二级≥99.0%	
外观与性状	白色不透明固体，易潮解	
PH		

续表

熔点（℃）	318.4	
沸点（℃）	1390	
相对密度（水＝1）	2.12	
相对蒸汽密度（空气＝1）	无资料	
饱和蒸汽压（kPa）	0.13（739℃）	
燃烧热（kJ/mol）	无意义	
临界温度（℃）	无意义	
临界压力（Mpa）	无意义	
辛醇/水分配系数的对数值	无资料	
闪点（℃）	无意义	
引燃温度（℃）	无意义	
爆炸上限%（V/V）	无意义	
爆炸下限%（V/V）	无意义	
溶解性	易溶于水、乙醇、甘油，不溶于丙酮	
主要用途	用于肥皂工业、石油精炼、造纸、人造丝、染色、制革、医药、有机合成等	
其他理化性质		
第十部分　稳定性和反应活性		
稳定性		
禁配物	强酸、易燃或可燃物、二氧化碳、过氧化物、水	
避免接触的条件	潮湿空气	
聚合危害		
分解产物		
第十一部分　毒理学资料		
急性毒性	LD50：无资料	
	LC50：无资料	
亚急性和慢性毒性		

续表

刺激性	家兔经眼：1% 重度刺激。家兔经皮：50mg/24 小时，重度刺激	
致敏性		
致突变性		
致畸性		
致癌性		
第十二部分　生态学资料		
生态毒理毒性		
生物降解性		
非生物降解性		
生物富集或生物积累性		
其他有害作用	由于呈碱性，对水体可造成污染，应特别注意植物和水生生物	
第十三部分　废弃处置		
废弃物性质		
废弃处置方法	处置前应参阅国家和地方有关法规。中和、稀释后，排入废水系统	
废弃注意事项		
第十四部分　运输信息		
危险货物编号	82001	
UN 编号	1823	
包装标志		
包装类别	O52	
包装方法	固体可装入 0.5 毫米厚的钢桶中严封，每桶净重不超过 100 千克；塑料袋或二层牛皮纸袋外全开口或中开口钢桶；螺纹口玻璃瓶、铁盖压口玻璃瓶、塑料瓶或金属桶（罐）外普通木箱；螺纹口玻璃瓶、塑料瓶或镀锡薄钢板桶（罐）外满底板花格箱、纤维板箱或胶合板箱；镀锡薄钢板桶（罐）、金属桶（罐）、塑料瓶或金属软管外瓦楞纸箱	

续表

运输注意事项	铁路运输时，钢桶包装的可用敞车运输。起运时包装要完整，装载应稳妥。运输过程中要确保容器不泄漏、不倒塌、不坠落、不损坏。严禁与易燃物或可燃物、酸类、食用化学品等混装混运。运输时运输车辆应配备泄漏应急处理设备	
第十五部分　法规信息		
法规信息	化学危险物品安全管理条例（1987 年 2 月 17 日国务院发布），化学危险物品安全管理条例实施细则（化劳发［1992］677 号），工作场所安全使用化学品规定（［1996］劳部发 423 号）等法规，针对化学危险品的安全使用、生产、储存、运输、装卸等方面均做了相应规定；常用危险化学品的分类及标志（GB 13690－92）将该物质划为第 8.2 类碱性腐蚀品。其他法规：隔膜法烧碱生产安全技术规定（HGA001－83）；水银法烧碱生产安全技术规定（HGA002－83）	
第十六部分　其他信息		
参考文献		
填表部门		
数据审核单位		
修改说明		
其他信息		

工艺技术信息主要包括方块流程图，或简单工艺技术流程图、工艺流程的化学反应背景资料；设计的最大的物料储存量；工艺参数的安全操作范围（温度、压力、流量和组分等）、技术手册、操作规程、培训材料、安全操作规范（温度、压力、流量、液位或组分等）、偏离正常工况后果的评估（对员工的安全和健康的影响）等信息。与工艺技术相关的这些信息通常包含在技术手册、操作手册、培训材料或其他类似的文件中。

（1）工艺流程及相关化学反应的说明文件。该文件是对工艺过程的简单描述，主要阐述工艺流程中的基本反应和所包含的单元操作。化学反应控制是实现工艺安全的重要环节，工厂的书面文件应该说明哪些反应可能发生，以及哪些工艺条件的改变可能对反应造成影响。比如，可能发生的化学反应及其基本原理；反应原料地和产物的基本特性（是否生成危险的产物）；反应热（放热反应还是吸热反应）；可能导致反应失控的条件；有哪些副反应，可能存在哪些危害；影响反应进程的因素（如反应动力学特征）。

（2）工艺流程图（PFD），能够帮助我们快速了解工艺系统是如何工作的。它不像带控制点的管道仪表流程图那么复杂，它用较少的篇幅对整个工艺流程进行高度概括性的说明。如通过工艺流程图，我们可以了解：工艺系统中的主要设备和主要的单元操作；单元操作之间的相互关系；工艺物料的基本路线：进料、出料和内部循环的路径；主要的工艺控制点；主要的公用工程（如冷冻水、氮气和压缩空气等）。这些资料，对于一个新进入工艺系统的员工或一些承包商、短期施工人员，可以利用工艺流程图快速了解工艺系统，这一点即便是对于复杂的工艺系统，它的作用也尤为重要。而车间主任的操作人员和现场维修人员，可以利用它来开展初步的危害分析、培训操作人员、编写操作程序、审查工艺变更，以及帮助承包商的员工认识工艺过程中存在的危害，做一个最简单、最直接、前期的工艺危害风险分析，提前防范。

（3）设计确定的工艺物料（原料、中间产品和最终产品等）的最大储存量。工艺安全管理制度完善的公司，一般都会建立本公司可以接受的风险标准。而在设计工艺系统时（包括对工艺系统进行风险评价时），应该确保所设计的工厂满足这些风险标准的要求。对于任何工艺过程，如果实际工艺物料的使用或储存数量超出设计允许的最大储量，一旦发生事故，导致的后果就可能超出设计时的预期，使用风险突破公司设定的风险标准。比如，液体仿制储存的液体物料过量时，一旦发生物料泄漏，由于泄漏物料量增大，受影响的区域面积和人的数量都会相应增加，事故造成的后果就可能超出设计时的预期。因此，工厂需要及时跟踪使用和储存物料的储存量，使它们不超出允许的范围。针对这些需要管控物料的最大储存量的，可以通过使用一些液位计或直接利用DCS系统做容量管控来监控物料的实时存储量，以避免出现因对原有储存量判断错误而导致的新进料超过最大储存量而造成的工艺事故。

（4）主要参数（温度、压力、液位、流量和组分等）的安全操作范围。工艺参数超出正常操作范围后，可能导致灾难性的危险化学品泄漏或者能量意外释放。工厂应该有书面的文件说明正常操作时的温度、压力、液位、流量及其他重要工艺参数的范围，如化学品储罐的最高和最低液位、反应器进料的投料比例、反应釜可承受的最大压力等。对于这些影响安全的工艺参数，生产车间必须一一做出识别并编制成“关键参数安全操作范围一览表”，以便于操作人员参考。而在做工艺系统设计时，需要对其做系统的考虑设定必要的报警和联锁保护措施，并且在操作程序中说明这些参数的操作范围与特别注意事项。

（5）非正常工况的后果评估资料。这些资料通常是在工艺危害分析过程中形成的。在运用危险性与可操作性研究等方法进行工艺系统危害分析时，其中一项重要任务是分析非正常工况的原因及其可能导致的后果，并在必要时提出消除或控制危害的措施。因此，非正常工况的后果评估资料可以为实际生产提供指南。比如，在操作程序中，除了包含主要操作参数的操作范围外，还可以根据非正常工况的后果评估资料，说明工艺参数超出安全范围的后果和相应的纠正措施或步骤。

设备安全信息主要包括工艺设备材质、泄压系统的设计及设计基础；电气设备危险等级区域划分图；带控制点的管道仪表流程图；通风系统的设计；设计所依据的设计标准或规范；物料平衡表与能量平衡表；安全系统（如联锁、监测和抑止系统等）。除此之外，还包括平面布置图和设备布置图，它们表达各系统和设备之间的空间位置关系和相互之间的距离。

（1）对于建造材质的要求，要把与生产过程中将用到的原料、半成品等，根据相关的反应原理，去选择合适的设备、管道、阀门或仪表等，避免在生产过程中发生腐蚀，甚至造成危险物料泄漏或能量意外释放。因此，工厂应该有书面文件记录工艺设备或管道的施工材质。

（2）带控制点的管道仪表流程图。它是流程工厂非常重要的图纸文件，包含设备、管道、阀门、仪表、自控和安全保护系统的具体细节。控制危害的工程措施大部分都可以从此流程图上找出来，比如自动调节阀的故障位置（故障开或故障关）、关键安全仪表系统（如关键联锁和事故停车）和泄压装置（如安全阀、爆破等）的安装位置等。而由于此流程图是表达工厂工艺系统的最重要的文件之一，是实现进一步详细设计和日常生产操作的基础。工厂应该确保此流程图与实际存在的工艺系统始终保持一致，特别是在对工艺系统进行变更时，应及时更新此流程图。反之，如果工艺系统改变时没有及时更新此流程图，它的内容不再反映装置的实际情况，应用它来指导生产和其他活动（如工艺系统改造等）就可能酿成严重的后果。

（3）电气设备危险等级区域划分图。工厂需要明确哪些区域存在爆炸性气体、爆炸性粉尘和易燃液体，以便设计、安装在该区域的电气设备达到相应的等级，防止它们成为引燃蒸气、粉尘或易燃液体的着火源。通常，工厂需要编制电气设备危险等级区域划分图，说明工厂中不同区域和不同饱和度的电气设备设计危险等级要求。

（4）泄压系统的设计及设计基础。泄压系统是为了防止工艺设备、容器或管道超压损坏和灾难性的危险化学品泄漏或能量释放。对于所有的泄压装置，都需要有书面的设计文件。这些文件可以分成两类：一是与泄压装置本身相关的信息；二是泄压装置上下游相连管道的信息。

（5）通风系统的设计。对于化工企业来说，通风系统是一个重要的设计要点，因为化工企业的生产往往会用到一些易燃、易爆、有毒等化学品，这都需要有合理的通风系统对这些气体进行外排。因此，工厂需要为那些放置工艺设备、分析仪器或可能发生工艺介质泄漏的建筑物设计、安装足够的通风系统。相应的，工厂需要保存通风系统的书面文件，说明设计基础（如建筑物的空间和换气率）、报警与联锁及非连续运转通风设备的自动启动条件等。

(6) 设计所依据的标准与规范对于一些压力容器、储罐、管道、消防和泄压装置等都有设计标准要求。因此，工厂应该有书面材料说明工艺系统和设备管理设计时所依据的设计标准和规范。凡是在我国境内的项目，都需要遵守我国的强制标准，某些外交项目甚至还要求满足母公司所在国的标准。

(7) 物料平衡表与能量平衡表。两者可以帮助工厂操作员工掌握工艺生产条件及工艺设备的要求，是开展工艺优化的基础和有助于工艺安全。比如，通过可以了解管道内的流速，以便分析流速是否超出安全许可的范围；还可以了解设备的设计能力及其中的物料滞留量，据此分析或模拟偏离正常工况时的后果。

(8) 安全系统（如联锁、监测和抑止系统等）。化工厂都必须对物料的存储安全做最优的处理，并且是高度重视其物料性质及存储状态的，对每一个化工设备（储罐、反应釜、计量设备等）都要有一些安全防护系统。因此，工厂需要有书面文件说明预防危化品泄漏的设备、泄漏监测与报警设备及减轻泄漏后果的设备。如盲板、双阀、阀门锁和铅封，要有相关文件说明它们所处的位置、操作时对阀门和盲板的影响；对于紧急停车的，也同样要有相关文件说明紧急停车按钮的位置、现场紧急切断阀的位置、何时及如何使用紧急停车系统及其响应方式等；对于工厂的消防设施的位置、覆盖的区域，如何搬运开户这些系统、消防栓和消防水流量等信息，都要有相对应的说明文件等。

2. 工艺安全信息管理的范围

工艺安全信息的管理，从其所包含的内容出发，我们可以把工艺安全信息管理的范围分成几大块：

一是与工艺安全信息相关的文书、资料类别的收集、分类、储存与调用。

二是对现场的工艺设计、施工、改造、维修的工艺安全的管理。

三是在工艺信息安全管理中最为重要的“变更”管理。

（1）资料的收集、分类、储存与调用。企业应该有一套完整的资料保存管理程序与流程。对于不同的材料安全技术说明书（MSDS）、工艺流程图、生产车间管道布置图、设计图纸、工厂区域内管网布置图、消防管网布置图、设备使用说明书等工厂级的图纸，应该统一在档案室进行存储与管理，以便随时调用查阅。利用档案室对公司级的工艺资料进行收集与存储，它可以让资料有更好的追溯及保存。但在整个资料的保管过程中，还需要制定统一的规则，用于资料的回归与更新。如制定有效的操作程序，让设备资料在做设备验收时能第一时间把资料交到档案室存档，并让档案管理员签字确认，否则不予验收。

（2）对现场的工艺设计、施工、改造、维修的工艺安全的管理。无论是工艺设计、施工、改造还是维修，都是一些工厂现场的工作，而工厂是生产的核心区域，所布置的不仅是一个生产车间那么简单，还有车间的分布图、生产设备分布图、管道分布图、地下管网分布图、水电网络分布图等。因此，现场的一些工作，是否参考了工艺信息安全的相关内容？是否考虑了设备与相关化学品的工艺特性？是否清晰现场的管道走向与布置？是否有符合规定的施工要求？等等。必须要由专业的人士或项目负责人去确认：确认所设计的工艺是否符合标准？是否有做全面的工艺风险分析与做出相对应的策略去规避？确认现场的施工符合安全管理的规定和要求，并且做了足够的风险评估与防范措施。

（3）对变更的管理与管控。在工厂的整个生命周期中，都会经历各种改变，这些改变需要制定现有的工艺安全信息资料，如工艺管道仪表流程图、工厂平面布置图等。但工厂往往在发生工艺系统或设施改变时，没有及时更新原有的图纸和文件，导致图纸及文件与现场的工艺系统或设施不匹配，这是一种非常危险的做法。因此，操作和维修人员根据图纸确定生产方案、制定维修计划、改进工艺系统的设计和编制应急预案等。如果图纸与现场设施不一致，不仅会影响现场的工作，还会因为信息的不对称导致安全事故的发生。

如果工厂的图纸或文件与现场设施不吻合，就需要及时对它们进行修订并建立有效的次更管理制度，确保工艺系统或设施发生一次更时，相关的工艺安全信息资料及时获得更新。而在资料发生变更时，新旧资料应该如何处理，也是变更管理中的一个重要操作内容。因此，工厂应该制定文件作废制度。比如，档案室收取到新的资料或图纸时，就在旧的资料上加盖“作废”章，把新的版本资料下发到所需的部门或调用人上，同时把旧版统一回收做“作废”处理并统一销毁。现在的信息化时代，可以使用信息化管理系统，设定专人对系统内的资料进行定期更新处理，同时针对使用人设定不同的下载或调阅权限，但不能对资料进行修改，以保证现场的工艺安全资料的调用与查阅。

3. 工艺安全信息管理的职责

从工艺安全信息的要素出发，工厂可以清晰地列出所有的与工艺安全信息相关的文件与图纸。不管是项目、维修、变更还是管道设计，都要参考相对应的工艺安全信息，以确保所操作的内容能最大限度地规避安全风险，避免因不了解现场情况而导致安全事件出现。对于不同的安全信息的相关内容的收集、存储及调用，不同部门应该负起该部门对安全信息收集的责任，以便任意一个有需要的人调用，以及在做出变更时能及时置换新的安全工艺信息和图纸。工厂的各个部门在工艺安全信息管理上的主要工作如下：

（1）技术部负责工艺安全信息的管理，并为基层部门提供工艺设计基础方面的技术支持。如是项目承包给设计单位或工程公司的，还需要在项目验收前获得详细的工艺系统信息，包括各个专业的详细图纸、文件和计算书籍等。

（2）机电仪部门负责设备设计基础信息的管理，并为基层部门提供相关的技术支持。对于一些新采购回厂的设备，在试运行或验收阶段，就必须让供应商提供设备的资料，包括设备手册或图纸，其中应该有操作指南、维修指南和故障处理等相关的信息，否则不予验收。

（3）安全环保部负责材料/物料的危害性信息的管理，并为基层部门提供相关的技术支持。定期组织相关人员对物料危害信息进行审核和更新，利用工厂的分布图、消防管网的分布图及应急布置点的分布图纸，定期对与安全相关的内容进行点检与确认其有效性，以确保在发生异常情况时，能第一时间调用合适的资源降低损失度，抵挡危害的发生与延续。

（4）工程部负责提供新改扩建项目中所涉及的工艺安全信息资料。对于新改扩建项目，工程部往往是作为主要的监督部门或以项目经理的形式对项目的开展及进度进行监控。对于项目中的每一个细节及时间节点，工程部可以说是对整个项目最清楚的部门。因此，工程部在项目立项时，就应该充分利用现有项目资料对项目的总体风险做出评估，让公司层面从安全的层次去投资规避项目的安全风险。在项目做设计时，以与项目相关的工艺安全信息相结合，对项目的设计做进一步的安全评估。在整个项目实施过程中，工程部与安全部相结合，现场监督整个项目的施工过程是否达到工艺安全标准、是否做出合理的安全风险评估、是否对安全风险做了足够的防范措施。在对项目验收时，重新确认整个项目实施过程中，车间管道的布置、管道的材质、设备的存储容量、设备的操作说明书、电路的分布、管道流程图及其流程等，凡属于项目的资料都必须做资料的收集，并按工艺安全信息的管理要求对资料进行整理与清单归整，以确保项目资料的齐全来指导后续生产的开展，以及维修和变更。

（5）采购部负责向使用部门提供所采购化学品的 MSDS 和所采购的设备的技术说明书、操作手册等资料。对于化工企业，化学品的性质与存储环境有着密切关系，而管理化学品的人员对物料性质及相对应的应急处理方案的掌握，有利于仓储管理人员、生产人员及工艺人员对物料的存储、使用与工艺设计做出最准确与最安全的处理方法。因此，企业在开展工厂生产所使用的任何一种物料，或者是工厂生产的任何一种化学品，都应该有清晰的 MSDS 存放于现场，并对现场的管理或使用人员做出相应的培训。特别是仓储管理人员，针对物料的 MSDS 对现场的存储环境做出合适的方案，甚至是在搬运过程中都做风险评估与危害防范，特别是对于泄漏等异常情况，能根据物料特性第一时间做出正确的处理方案，以避免危害扩散。

（6）人力资源部负责组织培训。对于工艺安全信息的管理，人力资源部最主要的职责是规划与组织好各层级的安全培训。制定培训管理费用制度与要求，把各部门需要的年度培训做好要求与汇总并监督执行。厂级安全、部门/车间级安全培训、岗位安全培训是最基本的培训安排。培训资料中所涉及的安全信息都必须与公司存档的资料一致，培训内容按要求制定合适的形式与范围。

（7）各相关部门负责本部门工艺安全信息的收集、建立、维护与更新。工艺安全信息的收集与各部门都有关系，因为涉及公司的任何设备都需要保留有详细的操作说明书。因此，各部门无论是新增设备还是对设备进行维修或改造，或是对现有的办公或生产环境做出变更，都需要收集相对应的工艺安全信息，并且在做出任何一个变更后，都要对资料进行维护与更新，以确保企业存储的、在使用的工艺安全信息都是最新的版本，各部门参考的工艺安全信息都是可靠、安全的。

第四章

Chapter 4

工艺危害分析

1. 工艺危害分析的内容

工艺危害分析（Process Hazard Analysis，PHA），也称过程危险分析，即将事故过程模拟分析，也就是在一个系列的假设前提下按理想的情况建立模型，将复杂的问题或现象用数学模型来描述，对事故的危险类别、出现条件、后果等进行概略地分析，尽可能评价出潜在的危险性。过程危险主要用来分析在泄漏、火灾、爆炸、中毒等常见的重大事故造成的热辐射、爆炸波、中毒等不同的化学危害。

工艺危害分析（PHA）是工艺管理的核心要素，指通过一系列有组织的、系统性的和彻底的分析活动，来发现、估计或评价一个工艺过程的潜在危害。PHA 可以为企业的管理者和决策者提供有价值的信息，用以提高工艺装置的安全水平和减少可能出现的危害性后果造成的损失。

为了确保工艺系统在允许接受的风险水平下运行，需要识别工艺系统存在的各种危险，以及这些危险引发的事故情形，并对事故的风险进行评估。如果风险过高，就提出建议措施，确保将风险降低到可以接受的水平，这一过程就是所谓的工艺危险分析。工艺危险分析是一个正式的、有组织的工作过程。在此过程中，分析团队选用适当的分析方法，对指定工艺系统的危险加以辨识，记录所识别的危险及现有的安全措施，并根据需要提议更多必要的安全措施，直至编制出正式的分析报告。如表4-1所示。

表4-1　工艺危害分析内容及对应案例简介

序号	工艺危害分析内容	对应的特征举例	备注
1	工艺技术的本质安全性及风险程度	生产线对应的产品生产工艺的安全级别，如生产过程中是否易燃易爆	
2	工艺系统可能存在的风险	工艺参数、设备选材、生产辅助设备等是否与生产工艺要求的一致	
3	对发生过的、可能导致严重后果的事件的审核情况，控制风险的工程措施、管理措施及其失效可能引起的后果	化工企业对于容易在生产过程中发生聚爆反应的工艺过程分析，并对预防、控制措施与方案进行审查	
4	现场设施、人为因素失控后可能对人员安全和健康造成影响的范围	是否存在有化学品泄漏的风险及应对措施	
5	对在役装置的风险分析还应重点审核发生的变更，本企业或同行业发生的事故和严重事件等	企业或工厂内部是否有对所有的变更进行记录，变更后是否有进行工艺危害分析？是否有进行过nearmiss事故调查与分析、分享	

对于工艺危害分析的内容，无论是在项目的规划、设计和建设、投产、运行等阶段，还是开展一些新的常规性或不常规性，特别是对于一些事故及潜在的紧急情况；所有进入作业场所人员的活动；原材料、产品的运输和使用过程；作业场所的设施、设备、车辆、安全防护用品；一些被丢弃、废弃、拆除与处置的设备，甚至是发生一些极端气候、地震及其他自然灾害等，都应该第一时间开展相对应的工艺危害分析，以确保及时把风险点识别出来并加以管控，把危险和事故扼杀在萌芽期。

2. 工艺危害分析的工具与方法

工艺危害分析的方法有很多种，但不存在某一种方法比另一种方法“更好”的说法，每一种分析方法都有它的特点及所侧重的问题。每个企业或工厂根据自身的情况，分析并识别哪种分析方法更适合企业或工厂自身，所采取的分析方法的系统化程度越高，就越能弥补分析团队的经验欠缺；分析方法的系统化程度越低，就越需要经验丰富的分析团队完成既定任务。但把工艺危害分析最常用的方法进行分类，可把它们归纳为定性分析、半定量分析及定量分析方法三个层次。在实际工作中，我们需要根据分析目的的不同来选择合适的分析方法。根据改进措施的优先等级，评估控制方法的有效性，一般由定性到定量、由简单到复杂。如图 4 – 1 所示。

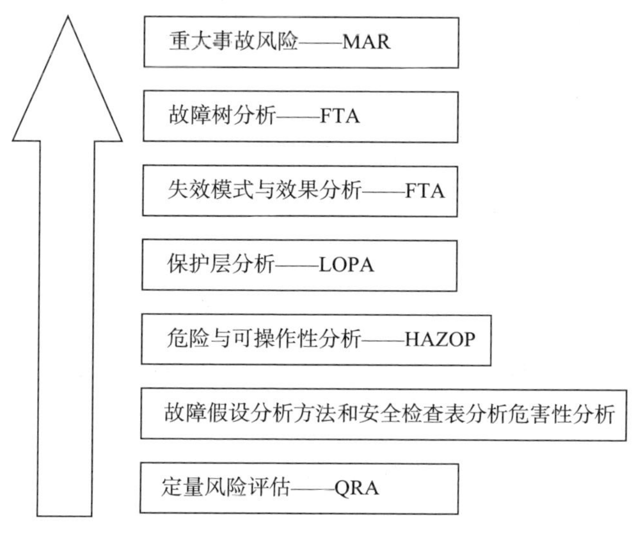

图 4 –1　风险分析顺序图

资料来源：刘强，《化工过程安全管理》，P18

一般情况下，我们常用的工艺危害分析方法有：

（1）故障假设法（What – if）；

（2）检查表方法（Checklist）；

（3）故障模式与影响分析（FMEA）；

（4）危险性与可操作性研究（HAZOP）；

（5）故障模式与后果分析（FTA）；

（6）事件树分析（ETA）；

（7）后果分析（CA）；

（8）保护层分析（LOPA）；

（9）领结图分析（BTA）；

（10）工艺危险审查（PHR）。

这些方法各有优缺点，在实际工作中，要根据工艺系统的特点选择适当的分析方法。同一工艺系统，可以采用多种分析方法。值得一提的是，选择什么样的分析方法只是手段或形式，工艺危害的真正目的是识别潜在的危险（包括正常生产情况下和异常情况下的危险），并确保有足够的安全措施将运行风险降低到可以接受的水平。

（1）故障假设法（What - if）。

这种方法通过一系列“如果……会怎么样”的提问，识别工艺系统中的危险。它是一种“头脑风暴”，由一个分析团队来执行。通过将工艺系统分解成若干部分，对于每个子系统，分析团队的成员根据各自的经验提问，提出可能的事故剧情，讨论各种事故剧情出现时的后果，必要时提出改进意见。这种方法比较适合于相对简单的工艺系统，或功能相对独立的工艺单元（如输送包装设备），通常的做法是按照工艺过程的自然顺序，针对每个工艺步骤逐个提问并回答，对设备操作错误的情况进行具体分析。它也经常用于新建项目早期的预危险分析和在役装置变更的危险分析。

这种分析方法的实际效果取决于提问者的经验和知识，如果小组成员有丰富经验并了解相关的工艺生产过程，此方法非常有用。反之，完成的分析可能不够全面和缺乏系统性，这种方法很灵活，但较难对工艺进行全面系统的分析。如表 4 - 2 所示。

表 4 – 2　What – if 方法举例

序号	如果……	结果/危险性	建议
1	错误地将其他物料替代磷酸	几乎没有危险	操作前检验磷酸浓度
2	磷酸浓度低	氨未完全反应，释放到工作环境中致人中毒	
3	磷酸混有杂质	几乎没有危险	
4	阀 A 关闭或堵塞	氨未完全反应，大量释放到工作环境中致人中毒	① 磷酸流量减小时报警 ② 关闭阀 B（或设置流量自动比例调节）
5	氨加量过大	多余的氨释放，致人中毒	① 氨流量大时报警 ② 氨流量大时关小阀 B（或设置流量自动比例调节）

（2）检查表方法。

检查表方法是典型的定性危险分析方法，它运用以往积累的经验和事故教训来提高工艺系统的安全性。开展分析工作时，根据事先编制的检查表，按照检查表中列出的项目，逐项对工艺系统的设计或在工艺系统进行检查，识别存在的危险，评估当前的风险，并新增必要的安全措施。检查表方法所辨别的往往是单一原因导致的事故，它没有“原因 – 后果”的分析过程，不能对工艺系统进行全面深入分析，也难以识别工艺系统新出现的危险及以往未识别的危险。它的实际效果在很大程度上取决于所选用的检查表是否适当、检查表本身的质量及使用者的经验，很难对工艺系统进行全面、深入的分析。但它可以作为其他危害分析方法的有益补充。

（3）故障模式与影响分析（FMEA）。

这是一种以系统的组成部件为对象的分析方法。它识别工艺系统各个组成部件的故障模式及其原因，记录该事故模式下可能导致的所有后果。这种方法适用于分析单个设备，以改进设备或工艺单元的设计，也广泛应用于系统的可靠性分析。所完成的分析报告通常包含工艺系统各组成单元的各种故障模式与后果的列表，直观易读。它在航空、核电和国防等领域使用较多，广泛应用于系统的可靠性分析和控制系统的分析。目前也逐渐应用于流程工业的工艺危险分析。

它的缺点是只关心系统的组成部件，不考虑人为错误。此外，这种方法较耗费时间且枯燥，使用者需要接受培训。分析工具的质量好坏很大程度上取决于使用者的经验。

（4）危险性与可操作性研究（HAZOP分析）。

HAZOP分析的本质就是通过系列的分析会议，对工艺图纸和操作规程进行分析。在这个过程中，由各专业人员组成的分析小组按照既定的方式系统地分析偏离设计工艺条件的偏差，因此，HAZOP分析方法明显不同于其他分析方法。其他分析方法可由一个人单独完成，而HAZOP分析必须由不同专业人员组成的分析小组相互配合方能顺利开展工作。整个分析小组必须在富有经验的组长带领下开展，使用一系列的“参数”和“引导词”搭配，设想工艺过程偏离正常工况的各种情形，并分析造成这些非正常工况的原因、对应的后果及当前的安全保障措施，必要时提出消除或控制危害的改进措施。如表4－3所示。

表4－3　HAZOP分析常用的表达方法

类别	条目
常见的“参数”	流量、压力、温度、液位、组分、流速、黏度、反应、人为因素等
常见的“引导词”	没有（No）、过少的（Less）、过多的（More）、额外的（As Well As）、不完整的（Part of）、相反的（Reverse）和错误的（Other Than）

HAZOP分析对工艺或操作的特殊点进行分析，这些特殊点称为“分析节点”“工作单元”或“操作步骤”。HAZOP分析小组分析每个节点，识别出那些具有潜在危险的偏差，并对偏差原因、后果及控制措

施等进行分析，最终形成 HAZOP 分析报告。

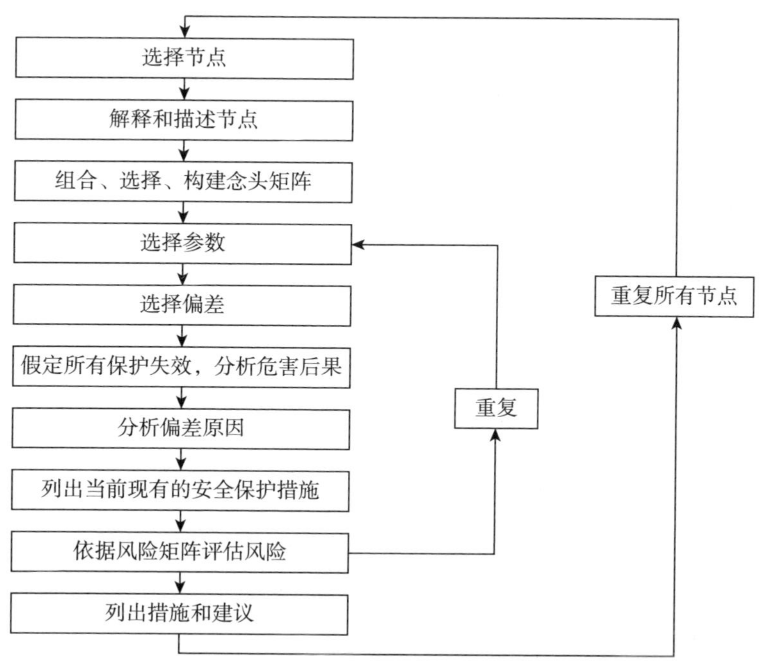

图 4－2　HAZOP 分析法的流程图

如图 4－2 所示，把每一个生产活动拆分成不同的步骤作为节点，由现场操作人员或工艺人员解释和描述节点的内容，利用下面的偏离表去组合、选择、构建偏差，假定在所有保护失效的情况下去分析危害的后果进而去分析偏差的原因。利用小组各成员对现场设备，以及工艺的了解列出现有的安全保护措施，再小组讨论与评估风险等级，提出改善措施和建议。如表 4－4 所示。

表 4－4　HAZOP 分析常用偏离表

要素	引导词								
	无	低	高	逆向	部分	伴随	先	后	其他
流量	无流量	流量过低	流量过高	逆流	错误浓度	其他相	－	－	物料错误

续表

要素	引导词								
	无	低	高	逆向	部分	伴随	先	后	其他
压力	真空丧失	压力过低	压力过高	真空	错误来源	外部来源	–	–	空气失效
温度	–	温度过低	温度过高	换热器内漏	–	火灾/爆炸	–	–	–
黏度	–	黏度过低	黏度过高	–	–	–	–	–	–
密度	–	密度过低	密度过高	–	–	–	–	–	–
浓度	无添加剂	浓度过低	浓度过高	比例相反	–	–	–	–	杂质
液位	空罐	液位过低	液位过高	–	错误的罐	泡沫/膨胀	–	–	–
步骤	遗漏操作步骤	–	–	步骤顺序错误	遗漏操作动作	额外步骤	–	–	–
时间	–	时间太短太快	时间太长太迟	–	–	–	操作动作提前	操作动作延后	错误时间
其他	公用工程失效	低混合/反应	高混合/反应	逆向反应	–	静电	–	–	腐蚀
特殊	取样/测试/维护/倒淋	开车	停产	–	粉尘爆炸	人员因素	–	–	设施布置

按上面陈述的方法，我们可以利用偏离表假设问题的出现，再根据以下假定会出现的问题制定解决措施和改善建议，并做后续跟踪直至计划的全部实施。如表 4 –5 所示。

表 4 –5　HAZOP 分析偏离表达方式说明表

偏离	说明
逆流	流量沿设计或操作目标相反的方向

续表

偏离	说明
错误浓度	在正常流量中伴随其他物质（如污染物）
其他相	流量是错误的状态（如液态取代气态）
真空丧失	真空丧失（如抽风机故障）
真空	异常真空（如蒸汽泄露/排污/喷射）
错误来源	错误压力来源（如软管/快速接头连接错误）
外部来源	外部压力源压力偏离设计/操作要求
空气失效	仪表空气中断
无添加剂	未按设计/操作要求加入适当的添加剂
比例相反	物料比例偏离设计/操作要求
杂质	物料内杂质含量超过设计/操作要求
错误的罐	物料进入错误的罐，不同物料可能混合（如不同规格产品混合）
泡沫/膨胀	容器内产生泡沫/膨胀导致液位无法准确测量
公用工程失效	公用工程系统故障失效（如停电、蒸汽中断）
取样/测试/维护/倒淋	取样、测试、维护、倒淋操作时可能导致危害、生产延误及财产损失
人员因素	设计/操作要求对人员影响（如连续工作时间、劳动强度、人体工程学）
设施布置	设施布置不满足设计/操作要求或影响操作效率

最终，要评估一个 PHA 是否合格、有效？可以看它的分析过程是否发现了工艺危害？是否识别出已经发生过的有可能导致灾难性后果的事件？是否有可用的工程上或管理上的危害控制手段？是否预见到控制手段失效的后果？是否有定性的关于危害的评价？是否存在有人员的因素导致的危害的产生？比如：

- 过量 + 压力 = 压力过高
- 空白 + 流量 = 无流量
- 伴随 + 组成 = 两相组成
- 异常 + 操作 = 维修

表 4－6　HAZOP 工艺安全分析报表举例

节点名称	锅炉开机运行					
节点描述	锅炉正常开炉操作					
操作步骤	1. 开机前检查 2. 开循环泵 3. 开燃烧机 4. 升温 5. 正常运行					
序号	引导词与参数	偏离	原因	后果	现有安全措施	建议措施
第一步：开机前检查						
1	柴油罐					
	液位	油位过高	自动失灵	溢流泄漏、着火	灯笼灭火器	安装溢流管道柴油地罐
			人员监控不到位			
	流量	无流量	管道、过滤器堵塞	齿轮泵烧坏、着火	人员现场观察液位状况	泵电机改为防爆
			油泵异常	电机烧坏		
			阀门未开			
			柴油地罐无油			
	浓度	浓度低	进水	烟囱冒白烟	开小火燃烧	
			来料不符合要求	点火失败	来料检验合格	
2	高位槽、低位槽					
	液位	液位过高	车间转换冷热油导致	溢流管流出、喷油	有溢流管	
		液位过低	车间转换冷热油导致	不能开机/停机	补油	

（5）故障树分析（FTA）。

故障树分析主要应用于导致负面事件的可能性的推断。从一起顶部事件（通常是某种负面后果）着手，逐级逆向追溯导致该顶部事件的一系列事件（前一事件是后一事件的原因），直至追溯到具体的设备故障、仪表故障或操作失误。借助设备故障率、仪表故障率或操作失误率等数据，可以计算出发生顶部事件的可能性，因此这种方法广泛应用于定量风险评价。此外，它也常常用于事故根源分析。该方法通常先由某一个人完成草案，然后由一个有经验的团队来讨论、审查所完成的草案。使用者需要先接受培训，并具有丰富的工程经验和较好的逻辑思维能力。故障树分析的结果是树状的图表，非常直观，容易理解和使用。如图 4－3 所示。

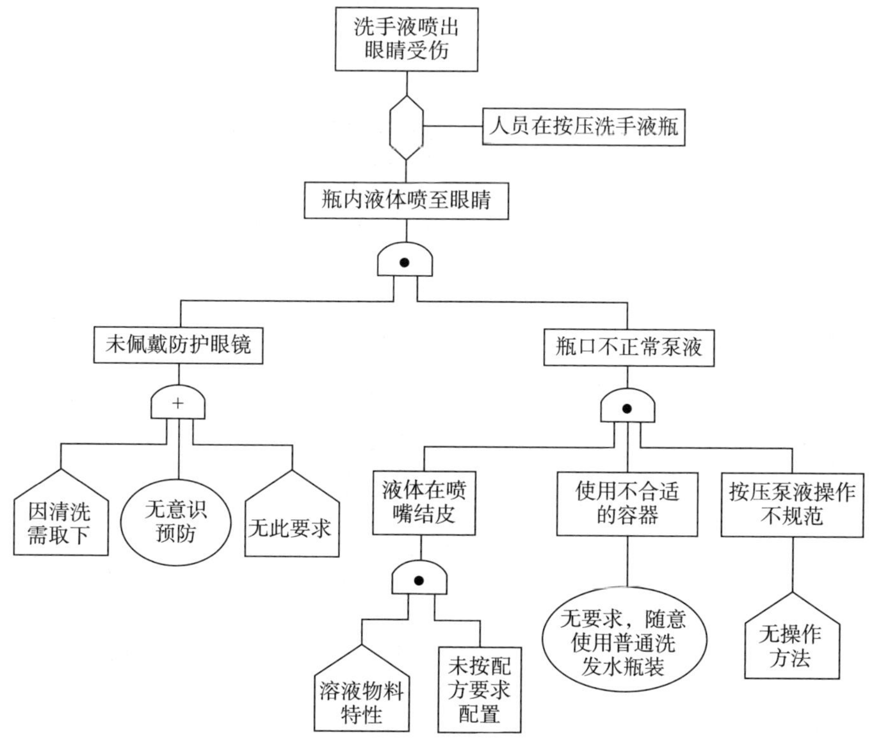

图 4－3　故障树分析的图表

（6）事件树分析（ETA）。

事件树分析方法也是对负面事件发生的可能性的分析。它从初始事件开始，按照事故发生的正常顺序进行推断，得出所有的安全措施失效导致事故后果的可能性。这种方法的推理过程与故障树正好相反。每次分析时，只针对某一起初始事件导致的事故剧情。对于存在较多保护层的复杂情况，或者对于风险较高的事故剧情，可以采用事件树分析了解出现事故后果的可能性。图4－4、4－5是事件树分析方法的图解说明。

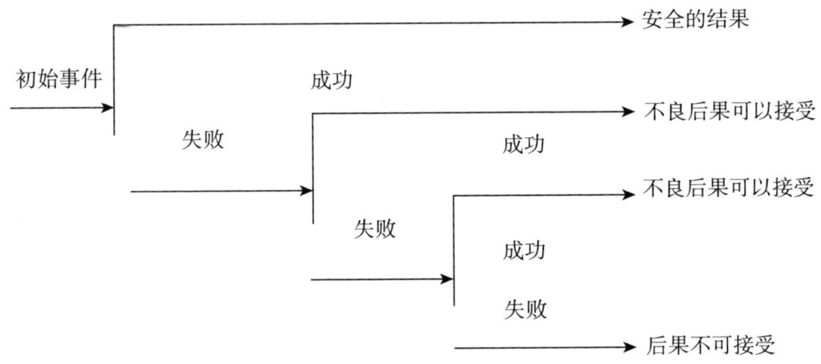

图4－4　事件树分析方法图解说明

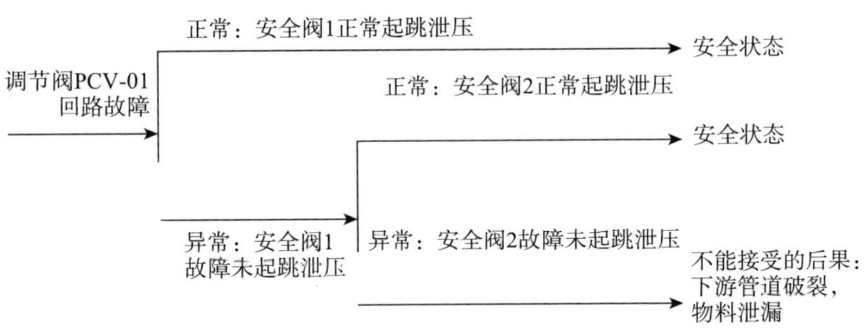

图4－5　事件树分析方法的示例

（7）后果分析（CA）。

后果分析是定量风险评价的一个方面。有时候也采用此方法了解具体事故剧情的后果，为风险控制提供决策依据。常见的做法是：先通过模拟或计算，确定有毒物泄漏时的扩散，着火时的热辐射或爆炸产生的冲击波影响范围，然后根据受影响范围内的人口密度，计算人员的受伤害情况。这种方法常用于风险较大的事故剧情，每次分析时，只针对一种事故剧情。可以借助软件开展后果分析，行业中有不少用于后果分析的软件。

根据后果分析的结果，设计人员或生产操作人员可以确定是否需要采取更多的措施来减轻事故的后果。我们还可以根据后果分析的结果编制工艺事故的应急预案。

（8）保护层分析（LOPA）。

保护层分析是半定量的工艺危害分析方法之一，用于确定发现的危险场景的危险程度，定量计算危害发生的概率，已有保护层的保护能力及失效概率。如果发现保护措施不足，可以推算出需要的保护措施的等级。

LOPA 是由事件树分析发展而来的一种风险分析技术，作为辨识和评估风险的半定量工具，是沟通定性分析和定量分析的重要桥梁与纽带。LOPA 耗费的时间比定量分析少，能够集中研究后果严重或高频率事件，善于识别、揭示事故场景的始发事件及深层次原因，集中了定性和定量分析的优点，易于理解、便于操作、客观性强，用于较复杂事故场景效果甚佳。所以，在工业实践中，一般在定性的危害分析如 HAZOP，检查表等完成之后，对得到的结果中过于复杂的、过于危险的，以及提出了 SIS 要求的部分进行 LOPA，如果结果仍不足以支持最终的决策，则会进一步考虑如 QRA 等定量分析方法。

保护层是一类安全保护措施，它是能有效阻止始发事件演变为事故的设备、系统或者动作。兼具独立性、有效性和可审计性的保护层称为独立保护层，它既独立于始发事件，也独立于其他独立保护层。正确识别和选取独立保护层是完成 LOPA 分析的重点内容之一。典型化工装置的独立保护层呈“洋葱”形分布，从内到外一般设计为：过程设计、基本过程控制系统、警报与人员干预、安全仪表系统、物理防护、释放后物理防护、工厂紧急响应及社区应急响应等。

(9) 领结图分析 (BTA)。

这种方法是保护层分析概念的一种拓展。它的特点是将事故预防的措施与后果减轻的措施分别列出在事故后果的左右两侧，形成一个类似“领结”状的分析图表，因此得名。在领结图中，将危险和初始事件布置在事故后果的左侧，而将残余影响布置在最右侧。在初始事件与事故后果之间是阻止具体事件的关联线及事故预防的措施，在事故后果与残余影响之间则是后果减缓的措施。这种方法适用于较成熟的工艺系统。如图 4－6、4－7 所示。

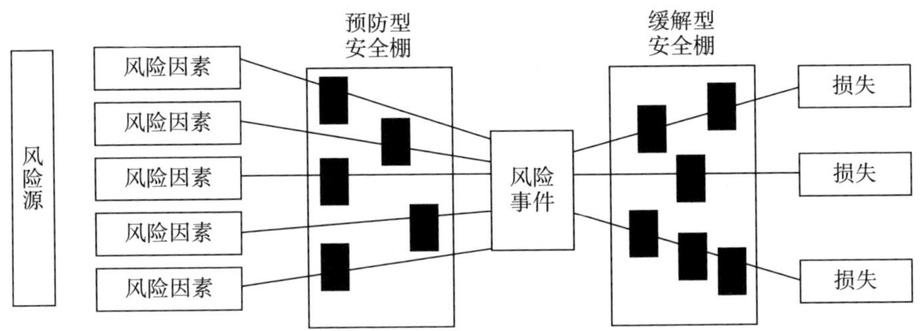

图 4－6　领结图分析逻辑图（注：█ 安全棚）

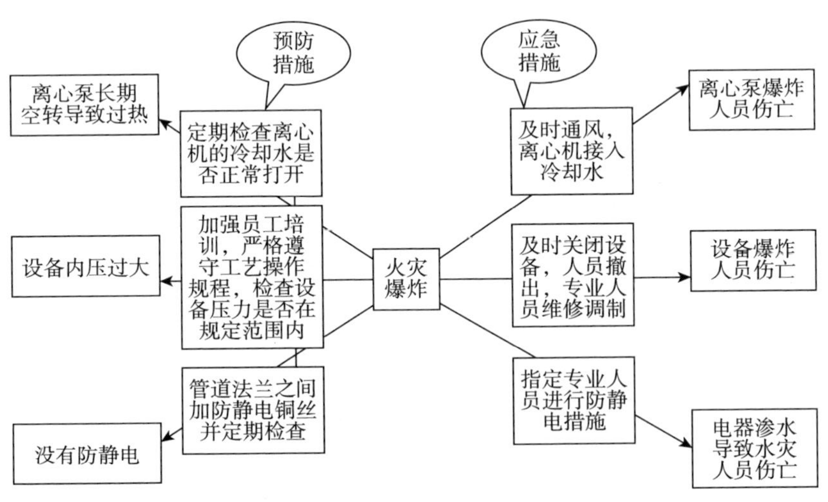

图 4－7　领结图案例分析

（10）工艺危险审查（PHR）。

这种方法主要应用于设计阶段，只关注重大的危险，采用一系列特殊的引导词，帮助分析团队完成分析过程。应用 PHR 方法的基本步骤：

a. 将工艺系统分成若干单元；

b. 选择引导词；

c. 识别可能导致严重后果的事故剧情；

d. 找出现有的安全措施；

e. 评估在现有安全措施下的风险；

f. 如果风险过高，则建议更多安全措施。

PHR 方法的常用引导词有：极端温度、超压、反应失控、溢流、爆炸、外力损坏、泄漏和公用工程故障等。

与 HAZOP 分析方法相比，PHR 方法花费的时间要少得多，而且有利于将注意力集中在风险高的问题上。虽然 PHR 方法发明的初衷是应用于设计阶段的工艺危险分析，但也可以应用在在役的工厂。目前，我国有大量化工、炼油和制药等流程工厂，在设计阶段没有开展过适当的工艺危险分析，可以先采用 PHR 方法开展工艺危险分析，它有助于在短期内发现和控制生产运行工厂的重大危险，避免灾难性事故。

3. 工艺危害分析方法步骤

工艺危害分析步骤包括计划和准备、危害辨识、风险评估、建议的提出和回复、工艺危害分析报告、建议的追踪。

（1）计划和准备：在开展工艺危害分析前，首先要了解确认工艺危害分析应用的类型，根据它的特点及需要分析内容，确定成立工艺危害分析工作组。按照工艺危害分析项目所涉及的相关内容，并按照工作小组成员所要具备的一些基本条件去确定并成立小组，必要时，对工艺危害分析小组提供所需的资源与培训。

表 4 –7　工艺危害分析小组成员必备条件一览表

序号	小组成员必备的基本条件
1	了解与工艺和设备操作有关的技术
2	具备工艺或系统实际施工经验
3	具备工艺或系统实际操作、维修经验
4	接受过工艺危害分析方法培训，或对所使用的专门方法有丰富的经验
5	具备完成分析所需的其他相关知识或专业技术（如机械完整性、自动化等）
6	根据企业或工厂自身的特点，安排与工艺危害分析相关的一些行政性部门，如行政部、安全管理部等

确定了工艺危害分析小组后，小组组长应按整个工艺危害的内容及设定此危害分析的工作计划：工作内容、工作成员任务分工、完成计划的总体时间表。而分析小组成员应按各自的职责，开展该岗位所负责准备的工艺技术资料——工艺设计依据、工艺设备操作规程、上次工艺危害分析报告、自上次工艺危害分析以来的变更管理文件和事故调查报告等。小组讨论确定整个工艺危害分析所使用的方法，根据方法的特点及缺点采用 1 ~ 2 个甚至更多的方法结合的方式去开展相对应的工艺危害分析，按工艺危害分析，主导整个工艺危害分析正常、高效地进行，最终形成相对应的工艺危害分析报告，把工艺危害分析所得出的结果向相关部门公布，并组织相对应的部门进行整改措施的制定及效果的跟踪，以确保整个危害分析结果得到有效的处理与纠正。

（2）危害辨识：工艺危害分析方法可以应用在研发、设计和工厂运营等各个阶段。在工艺危害分析起始阶段，对可能导致火灾、爆炸、有毒有害物质泄漏，或影响人员健康不可康复的工艺危害进行辨识并列出清单。危害清单应作为下一步分析和重点讨论及对相关人员进行培训和沟通的重要内容。通常情况下，危害辨识方法一般会有：通用危害辨识检查表；审阅相关事故报告及以往的工艺危害分析报告；审阅变更管理文件，以及相关专家、顾问的经验。在整个危害辨识过程中，要遵循：

● 独立性原则：防护措施成功发挥作用是否取决于其他系统的成功操作。

● 可靠性原则：防护措施是否具有高度可靠性，是否需要人的动作。

● 可审核性原则：防护措施的设计是否易于定期检验或测试。

● 完整性原则：防护措施中的设施是否以正确的方式安装和维护。

辨识和描述所有潜在的危害事件、事故和现有的防护措施，使危害辨识能进一步深化和完善。

在整个危害分析过程中，要注意所使用的工艺危害分析方法的适用性及系统性，合适的工艺危害分析方法能更有效地使整个项目的风险被系统、全面地评估出来。在危害分析中要重点关注人为因素的分析，这个往往被忽略掉，导致问题的出现而得不到很好的规避。

（3）风险评估：从危害严重性和危害发生可能性两个方面，利用风险矩阵图对每个危害进行风险评估。

a. 将风险按照高、中、低三个等级进行划分；

b. 根据风险等级最终确定是否提出建议和措施；

c. 对于高风险应立即制定额外的有效的多项措施实施控制，对于中度风险采用过程控制或管理上的措施，对于低风险可采用现有的措施控制。

（4）建议提出和回复：在风险评估过后，针对不同的风险等级应提出相对应的工艺危害分析建议，但在提出建议时应考虑以下关键因素：

a. 高风险、中等风险必须提出；

b. 建议明确且可行；

c. 不应指定一个具体的改进措施；

d. 应由指定完成建议任务的人员提出和落实改进措施，改进措施应创新或更经济有效。

对于复杂的工艺系统，改进措施和数量可能很多，此时就需要为改进措施划分优先次序，确定哪些项目需要优先完成、哪些项目次之。通常情况下，较大危害的改进措施应该排在较优先的位置；还可以结合后果的差异，按照下列顺序划分改进措施的优先等级，其中人员保护相关的措施需要优先落实：

人员保护 > 环境保护 > 财产损失预防

在工艺危害分析建议被提出后，相对应的风险点应该得到相应的回复，采用“完全接受”“修改后接受”或“拒绝建议”的方式做出书面回复。但并不是所有的建议都会被接受和采用的。有下列情形之一的，可以拒绝建议：

a. 建议所依据的资料是错误的；

b. 建议不是必需的；

c. 另有更有效、更经济方法可供选择的；

d. 建议在技术上是不可行的。

对于工厂而言，完成了工艺危害分析并编制了相关的报告固然重要，但更重要的是落实危害分析过程中提出的改进措施。通常需要制定相应的落实计划，包括各项措施完成的时间和具体的责任人。

（5）工艺危害分析报告：在风险评估与风险等级被识别，所提的建议被采纳并制定相对应的改进措施和整改计划后，工艺危害分析报告的编制成为整个危害分析工作阶段性完成的一个节点。对于工艺危害分析报告的编写，应注重文字简洁、内容详尽的原则，便于相关人员清楚了解工艺危害、潜在的危害事件、事故，控制危害的防护措施和防护措施失效的后果。在整个报告的编写过程中，需注意以下问题：

a. 提出建议的思路和依据应在报告中完整描述，为制定解决方案的人员提供详细的信息，并有助于在以后的工艺危害分析中避免重复工作；

b. 工艺危害分析报告原件应包括工作组工作的所有文件、资料目录和其他有关的支持性文件等；

c. 工艺危害分析报告应在工艺实施周期内备案；

d. 工艺危害分析报告格式。

整个报告的内容，按流程与责任人进行签批并下发，同时就工艺危害分析报告的内容与受影响的所有人员进行沟通，必要时进行培训。同时，这些工艺危害分析资料还是企业工艺安全信息的重要部分，它不仅在日常的工艺安全信息的积累中起到了积极作用，还对后期的系统变更和工艺危害再次做回顾分析时提供基础资料。甚至就在工艺危害分析报告完成后，就马上可以应用在设计、生产和人员培训等各个方面。

以 HAZOP 分析报告为例，设计人员可以根据该报告中提出的与设计相关的改进措施，对现有的设计进行修改；在工艺系统开车前，可以利用该报告确认安全保障措施和改进措施是否已经得到很好的落实；在系统投入运行时，该报告作为编写操作程序和培训材料的参考资料；在系统投入运行 5 年后，重新对危害分析的有效性进行确认时，也可以以该报告为基础。

（6）建议追踪：企业或工厂应针对工艺危害分析的效果验证与跟踪建立“建议跟踪系统”。由工作组组长或企业/工厂负责人对工艺危害分析报告的建议执行情况进行监督、跟踪，并定期组织相关人员做工艺危害分析的纠正措施总结与效果分享。记录整个整改措施实施过程中的问题点及经验，形成有用的工艺安全信息资料，以便作为后期同类项目的参考资料。如果需要纠正的部门或设备，不能确保得到实施建议所需的资源来支持纠正措施工作的开展，应及时说明原因并由组长牵头做出协调，或重新评估风险的纠正措施是否需要上升到另一个级别去处理，或争取更加有效的资源来确保效果，最终使得整个危害分析报告的每一个风险点都得到有效的识别与控制。

第五章

Chapter 5

开车前安全检查

开车前安全检查是在生产装置投入生产前，或在对生产工艺、设备进行较大变更后，对生产工艺、设备设施、管理资源及前期准备情况等进行的审查和检验。其目的是在装置正式投入运行前，对影响装置开车、制胜的工艺流程、关键设备、监控仪表、安全设施、人力资源、技术资料、物资准备等各个环节进行安全审查，并给出审查结果，确保装置试生产期间的安全、稳定运行。在装置投入到生产过程中，需要在工艺系统中建立稳定的流量、液位、温度和压力，工艺设备要经历某些正常设计范围以外的操作条件或过程。而且在投产期间，有较多的作业或任务同时进行，许多自动控制的参数处于手动控制状态。因此，工厂需要在投产阶段就特别注意防止工艺安全事故，以确保装置的安全投产和持续运行。

总的来说，开车前的安全检查是一项安全生产的重要工程，它进行得越及时、越仔细，对日后的安全生产就越有保障。通过对装置进行开车前的安全审查，可以确定其所取得的效果：

（1）确保装置的正常运行。开车前的一系列详细的、专业的检查，能及时把装置的问题排查出来并加以修正，能有效地使装置问题在运行前被发现并加以解决。

（2）使建设、维护及其建造、安装、工艺的变更活动符合设计管理和风险控制要求。开车前的安全检查，不仅仅只是对单个设备、设施的安全性进行检查、确认，还包括对整个系统设计是否符合工艺技术的要求、是否符合相关的法律法规要求、是否存在与之前差异较大的变更并且变更是否合理等。

（3）保证开车前的准备工作全部完成，对开车后的运行维护工作进行安排，确保设备的设计、制造、购买、安装、运行和维护与预期的管理要求相符。

（4）了解工艺所采用的新的化学品，或原料在安全、健康、环境方面的性能和要求。装置的工艺路线和原理的设置与其所使用到的原料及反应原理相关，因此，在开车前的安全检查，对这些物料的确认与工艺路线和反应的合理性检查，可以更有效地识别化学品的属性及其可能产生的副产物等，进一步确认是否对人身安全、健康、环境的影响及影响度的高低，从而评价确认风险等级，以便企业或工厂做出最合理的纠正措施和处理装置。

（5）使负责审核、维护、检测、购买、安装、操作工艺设备的人员，获得当前最新的相关程序及工艺安全信息以及适当的培训。开车前的安全检查，可以作为现场的操作培训方式之一。这种一个个环节、系统和关键参数的模拟操作和确认，无疑是给现场人员一次实地的操作培训。

（6）系统的开车前的安全检查，可全面检验企业各部门的基础管理工作，达到预防事故的目的。一个系统或装置投入使用，不仅仅是设备自身的运行问题，还涉及相对应的操作程序、日常的维护与管理、人员的培训、系统参数的设置、一系列的工艺安全信息的管理及后面所涉及的变更等。只有这些与系统相配套或匹配的工作做好了，才能真正让开车前的安全检查起到最根本的、长远的作用。

（7）确保安全设施及系统按照设计标准和风险控制要求运行。开车前的安全检查是一个系统的检查，除了确认设备的设计是否达标以外，与之相配套的安全设施和相对应的风险点识别与控制也是安全检查的项目之一。

（8）确保与设计和安装相关的工程计算得到认可，并满足工程措施相关的技术、质量和安全标准。

（9）满足变更管理的相关法规、程序要求。

（10）体现了质量管理体系的符合性、有效性要求。

（11）促使工程或项目管理人员，完成向生产管理、操作人员的全面技术资料及信息的交接工作。

1. 开车前检查表 PSSR

开车前的安全检查是确认工艺和设备是否按照设计进行建设、所有程序是否都落实到位、员工的培训是否完成，以及所有工艺危害分析和风险控制措施是否落实最终的大检查和确认。所以，开车前的安全检查是设备投入运行的最后一道防护墙和重要关卡，一般情况下，无论是新扩建装置开车还是装置大检修后开车、紧急停车后开车还是技术改造/变更后开车、日常维修后开车，都应该开展系统的开车前检查，以确保所有的装置及设备都得到最合理、最系统的安全确认，开车前所涉及的一些培训措施、安全信息资料都得到交接与存档确认。如表 5－1 所示。

表 5－1　开车前安全审查的应用类型明细表

应用类型	审查性质	特点/效果	使用的检查方法
新扩建装置开车检查	安全审查的主要类型	新建、改造或扩建装置的首次开车，会涉及新工艺、新技术、新设备、新材料的首次应用，开车过程中会面临许多未知的事故风险。此类开车前的安全检查，可系统地从装置的设计、安装、操作、反应、参数等技术上去评估安全性	《投料试车综合检查表》
装置大检修后开车检查	常规安全审查	1. 主要是对设备设施的完整性、有效性的审查和工艺设备变更的风险审查 2. 重点组织对变更项目的审查	常规检查：《开车安全检查确认表》 变更项目的安全审查：HAZOP 分析方法

续表

应用类型	审查性质	特点/效果	使用的检查方法
紧急停车后开车检查	临时安全审查	重点检查关键设备、管线的流程功能和设备实施的完整性	根据具体情况编制专门的检查表
技术改造/变更后开车检查	局部性的安全审查	除了对变更项目本身进行安全、可靠性审查外，还要重点对并入系统或流程后，对其上下游的影响及流程功能匹配情况进行审查	HAZOP 分析方法或《开车条件确认表》
日常维修后开车检查	常规安全审查	对维修设备的变更改动部分、安装维修质量、安全附件及控制设施的完整性等	《开车条件确认表》

无论是什么形式的开车前的安全检查，都要确保生产前所有条件都满足安全生产的需求。主要是从以下几个方面去做综合的考虑：

（1）装置内主要交通干道畅通无阻，临时建筑、临时供电设施、施工机具、材料工部拆除，全装置内外地面平整、清洁、无障碍物。

（2）工艺设备及环境缺陷消除完毕，影响开车的设计修改项目已经完成，所有设备、管道、容器均已进行严格试压、试漏。设备封闭前，经专人严格检查确认，设备位号、管道介、名称、流向标志齐全。

（3）机械完整性信息齐全，包括电气设备档案、安全阀档案、设备档案、设备规格指标、电气线路图等资料的完善。

（4）仪表及控制信息确认完毕、操作信息完整，便于识别操作。操作文件齐全，包括分布式控制系统（DCS）或可编程控制器（PLC）文件准备，对 DCS 屏幕进行修改等。

（5）设备机组经过单机试车、联动试车，各项技术性能指标符合设计要求。

（6）锅炉、压力容器和放射线源已根据国家规定取得使用许可证。

（7）各类专业档案（包括各种技术资料、合格证、质量证明书、检测数据等）、图纸、技术资料齐全。

（8）所有安全设施齐全、灵敏、可靠，并经校验符合设计要求，证件资料齐全。

（9）防雷、防静电系统完好，接地测试符合要求。

（10）消防设备和器材符合设计规定，道路畅通、水量充足、水压正常、满足灭火要求，消防人员按规定配备齐全，消防车能按规定时间到达生产现场。

（11）厂内通信系统投入使用，且符合防爆要求，生产指挥系统、消防指挥系统畅通。

（12）仪表联锁、火灾自动报警系统、可燃（有毒）气体检测仪表和其他各种检测仪表已联校调试完毕并已投入使用。

（13）关键设备的防火保护措施，易燃、易爆、有毒物品的保管、使用及有毒气体防护措施均已落实。

（14）有毒有害岗位防护用品和急救器材配备齐全，并随时投入使用，现场人员防护用品穿戴符合要求，现场急救站、协议医院人员及救护车能随时到达现场。

（15）现场设备转动部分、高温管道已采取安全防护措施，电气设备防漏电设施，梯子、平台、栏杆等劳动保护设施按相关标准设置，现场照明充分。

（16）岗位职工已进行身体健康检查，并建立健康档案，职业禁忌人员已安排到合适的岗位。

（17）岗位工人已进行安全技术规程及岗位操作知识培训，并经考试合格，特殊工种作业人员已经地方有关部门考试合格，持证作业。有毒有害岗位人员，已经防毒防害及救护等专业培训，并经考试合格。

（18）各项规章制度、操作规程及应急处理预案已建立、健全，配备发放到相关人员。

（19）现场无危险污染物的工艺排放口，设备和管道的泄漏检测计划已经落实。

（20）装置（设施）投料试车总体开工方案已经审查通过，并交由管理人员和岗位人员学习掌握。

（21）建立应急救援组织和队伍，按照相关事故应急救援预案编制导则的要求编制应急救援预案。

表5－2　某化工企业新项目开车安全检查表

类别	审查内容	符合性		存在问题	审查人
		是	否		
工艺过程	1. 生产装置及其配套公用工程按设计项目是否已建成？影响投料开车的设计变更内容是否已完成				
	2. 对总体开车方案中提出的安全、消防、职业卫生、抗震救灾的审查意见是否已落实				
	3. 岗位人员是否已进行《工艺操作规程》和《安全操作规程》的培训考核				
	4. 各项工艺指标、工艺配方卡是否按审批程序批准发布				
	5. 异常情况和事故状态的应急方案是否已完善并组织了演练				
	6. 盲板的安装与拆除是否已画出图纸并建立管理台账，是否已指定专人负责				
	7. 紧急泄压与排放设施、设备是否完好？设定的控制指标是否与整个装置生产系统匹配				
	8. 工艺系统是否已按规定完成了清洗、吹扫、密闭，并有完成的施工与验收记录				
	9. 护栏等是否符合完整性？逃生通道是否畅通？阀门手柄或开关操作是否易于操作				
	10. 在日常的检查、中间的交接和联运试车阶段暴露的问题是否已经全部整改完成				
	11. 整个系统的管道是否已吹扫畅通？流量控制和转罐等确保工艺系统安全的辅助性设备是否已投入使用？系统的应急预案是否已制定				

续表

类别	审查内容	符合性		存在问题	审查人
		是	否		
装置设备	1. 所有设备、管道是否按规定完成试压并合格？机泵是否已单机试车成功				
	2. 设备的安全阀是否已进行了调校和定压并按规定铅封？是否已建立管理台账				
	3. 装置内地面是否平整、清洁，消防通道是否畅通？排水沟是否畅通并设有盖板？临时设施、工棚是否已全部移走				
	4. 设备、容器的位号、管道的流向标识是否清晰和齐全				
	5. 锅炉、核动力容器、起重设备等特种设备是否已取得地方部门的使用许可？登记标志是否置于该设备的显著位置				
电气、仪表系统	1. 装置内临时施工的电源是否已全部拆除				
	2. 事故状态下保证照明的措施是否能满足要求				
	3. 爆炸危险场所的电气设备、通信设备、照明等是否符合防爆要求				
	4. 厂内通信系统是否能优先保证生产指挥、消防和安全救护等系统畅通完好				
	5. 安全联锁装置、紧急停车系统、火灾、可燃、有毒有害安全报警仪是否已校验合格并投用				
	6. 电缆沟及钢管穿线在进入爆炸危险场所处的变配电间、控制室、机柜间、分析间等处是否已按规定进行封堵				
	7. 设备和建筑物的防雷、防静电接地设施是否检测合格				
	8. 变配电室、机柜间防止小动物进入的措施是否落实				

续表

类别	审查内容	符合性		存在问题	审查人
		是	否		
储运系统、公用工程	1. 拱顶罐的阻火器和呼吸阀是否完好				
	2. 储罐的自动检测报警系统是否已安装调试完毕？高液位报警和联锁等是否调校合格				
	3. 储罐、装卸平台等防雷、防静电接地设施是否已检测合格				
	4. 仿制的防火堤、围堰是否符合规定？管道、电缆穿越防火堤时是否进行了有效的封堵				
	5. 罐区的排水、隔离设施是否完好				
	6. 罐区内的环形消防通道是否畅通				
安全、职业卫生、消防设施	1. 建设项目的安全、消防、职业卫生等是否已取得当地政府行政主管部门的审批				
	2. 装置、罐区、危险化学品装卸平台等区域的危险部位是否设置了安全标志				
	3. 工艺、机械设备的安全防护设施是否齐全（如栏杆、安全梯、防护罩等）				
	4. 易燃易爆危险场所的岗位是否已配备了防火防爆工具、照明灯具和应急救护抢险设备				
	5. 各级事故应急预案、消防是否已制定并进行了演练				
	6. 水幕、汽幕、水喷淋、火灾探测等是否已全部测试投用				
	7. 稳高压消防水系统是否已投用？消防道路是否形成循环畅通？消防栓、消防炮、消防器材、消防水量、水压是否符合规范要求？灭火蒸汽系统是否全部配齐、配件齐全、位置适当？能否满足紧急情况下处理事故的要求				
	8. 有毒有害的作业场所是否设置了风向指标				
	9. 有毒有害岗位的防护用品、急救设施及器材、是否配置合理和齐全？现场接触剧毒、高毒物品等操作人员的医疗急救措施是否周全？是否满足应急预案的要求				

续表

类别	审查内容	符合性		存在问题	审查人
		是	否		
安全职业卫生、消防管理	1. 各级安全、职业卫生、消防机构是否健全？人员是否配齐？是否经过专业资格考试并持证上岗				
	2. 各项安全职业卫生管理制度、安全技术操作规程是否制定完善并下发				
	3. 各种安全、职业卫生、消防台账是否健全				
	4. 现场操作人员个体防护用品穿戴是否符合规定				
	5. 是否确定了有毒、有害物质取样监测点？是否绘制了平面监测部位图？是否在投料试车前监测本底数完毕				
	6. 放射性同位素源是否取得地方行政主管部门颁发的使用许可证				
	7. 消防部门是否建立消防“三案”？关键装置、要害部位等是否做好“一个一案”“一罐一案”，并经过实战演练				
人员培训与考核	1. 职工是否进行了上岗前的体检并建立了健康检查档案				
	2. 新上岗职工是否进行了“三级安全教育”，并经安全技术和安全知识考试后持证上岗？经过专业技术教育的人数、考试合格率是否符合要求				
	3. 特殊工种是否经过培训考试合格并持证上岗？有毒有害岗位是否已进行防毒、防害及救护等专业培训				
	4. 操作人员是否经过消防灭火、事故处理培训				
	5. 各级参加投料开车的人员是否都已接受了开车方案的培训？对各自承担的工作内容与协作内容是否已熟练掌握				
其他	在投料开车前，建设单位相关职能部门是否已按照此表对建设项目安全、消防、职业卫生方面的内容进行了检查？检查报告是否已报公司工程建设管理部和安全环保局备案				

资料来源：刘强，《化工过程安全管理费用实施指南》，p144

2. 开车前安全检查技术

《开车前的安全检查表》是以列表的形式，详细地把开车前要确认的事项一一列清楚并确认，以防止遗漏和确保整个系统都能被全方位检查，为生产开车提供一个安全、可靠的保障。列表是一个检查的过程，但整个开车前的安全检查工作不仅仅是指检查的过程，还是一个大的工程项目，它必然经过开车前检查的整个方案策划——组建检查小组——开展一系列的准备工作（审查范围及日程安排、安全检查清单、小组成员确定与明确职责）——总体方案的审核——现场的检查——检查报告的编制与审核。

不同类别的开车前的检查除了所采用的检查清单的条款与内容不一致外，它们所遵循的开车前的安全检查步骤是一致的，基本可以归纳为以下 6 个步骤：

（1）准备工作。这里的准备工作包含：明确开车前的安全检查范围、编制或选择合适的检查清单、组成开车前安全检查小组、确定开展开车前的安全检查日程安排。如表 5 －3 所示。

表 5 －3　检查小组准备工作一览表

准备工作	具体内容
明确开车前的安全检查范围	1. 明确本次开车前安全检查将要覆盖哪些工艺单元。可以根据开车前所需要开展安全检查的应用类型（表 5 －1）进一步明确审查的目的与方法 2. 根据项目的规模确定检查的时长，如果规模不大，可以考虑一次完成全部的检查。对于规模大、工艺复杂的装置，尤其是各个工艺单元投产时间间隔较长的项目，可以根据工艺系统的投产进度进行安排，可以分次开展开车前的安全检查，但每次的安全检查都要注意是否有产生新的变更，以及之前检查发现的整改进度

续表

准备工作	具体内容
编制或选择合适的检查清单	1. 根据不同的工艺系统或装置，检查清单可能不一样，但总的来说检查清单需要反映不同工艺系统或装置的特点 2. 如企业或工厂有编制通用的检查清单的，可以针对不同的新项目，在采用通用清单的基础上再进行删除。为了使开车前的安全检查得到更好的落实，企业或工厂可以对每一个新类别的项目都要求制定标准的检查清单，这样更有助于全面、快速地落实开车前的安全检查 3. 对于企业或工厂出现一些全新的装置时，可能更需要根据装置的特性去编制相对应的安全检查清单。但在编制过程中，可以参考通用的检查清单或其他项目的检查清单 4. 检查清单应该经过项目成员和生产人员审查，以确定是否有遗漏或存在不适用的检查项目
组成开车前安全检查小组	1. 由项目经理或工厂厂长负责组建小组，在检查小组成员里面选定一位合适的组长，并由组长去明确小组成员的职责 2. 按小组成员的职责，以及小组成员所在的部门或专业领域，根据检查清单的内容，将相关的任务分配给小组成员 3. 小组的人数根据项目的大小、复杂程度和技术要求来定，通常都会包含项目经理、相关专业工程师、生产经理、有经验的操作工、工艺工程师、安全主任/经理，甚至还会包括安全健康环保工程师和承包商/工程商等 4. 小组成员还要熟悉相关的工艺过程，熟悉影响项目的政策、法规、标准及本公司的标准，熟悉相关设备，能够分辨设备的设计与安装是否符合设计意图，熟悉工厂的生产和维修活动，熟悉公司的风险控制目标
确定开展开车前的安全检查日程安排	1. 检查小组最理想的进场时间应该定在项目进度完成 90% ~95% 的时候 2. 根据项目的大小及清查清单的内容，确定检查所需要的时间，并在规定的时间内把所需要的工作安排妥当 3. 对于一些比较大型且复杂的项目，在检查小组进驻前，可以提前数周甚至数月派遣操作人员进驻现场，依照设计图纸核对现场已经安装好的设备、仪表管理，确认它们是否与设计相一致。这样既可以减轻检查小组的工作负担，也有利于操作人员熟悉和掌握工艺系统

（2）现场检查与会议。这是对准备工作的一次落实与行动，也是整个开车前安全检查的一项重要内容。主要是根据检查清单对现场安装好的设备、管道、仪表及其他辅助设施进行目视检查，确认是否已经按照

要求完成了相应的设备和仪表的安装及功能测试，并查阅相关的书面文件，如培训记录、编制好的操作规程、操作作业指导书和维修规程等。

在完成现场检查后，检查小组要对该检查的结果进行一次会议沟通，主要是确认现场的一些检查事项是否跟检查清单一致？现场是否存在比较大的问题点或检查项目是检查清单里面没有的？如果检查发现检查清单里面缺少了某一项现实情况的问题点，则需要第一时间组织相关人员进行讨论，并确定责任人及可以完成的时间。对于一些风险危害系数比较大的工艺系统，已经进行了工艺危害分析的，在进行开车前安全检查时，如果发现了一些比较大的风险点，应逐一确认危害分析报告中的改进措施和安全保障措施，以确保都得到了落实才能进行投料生产，否则谁都不允许也没权利下达开车的指令。

（3）编制开车前的安全检查初版报告。初版报告主要内容是对检查清单上的项目、现场的检查结果、检查项目与清单上的差异、差异的解决办法等做一个简单的报告。报告里面要清晰地描述哪些是做得好的、哪些是没按要求完成的、哪些是需要整改的，并且是在什么时间内完成。这个报告必须在制定后第一时间向项目小组成员，以及项目的区域负责人、主要生产操作人员、项目经理和工厂厂长发放。如表 5 –4 所示。

表 5 –4　开车前安全检查初版报告模板

××项目开车前安全检查初版报告
项目名称： 安全检查区域： 小组组长： 小组成员： 检查日期：年月日——年月日 1. 与检查清单一致的有________项；占总检查清单项目的________% 2. 不符合检查清单内容的有________项；分别列举及确定责任人、完成时间 3. 现场发现的其他不符合项：________项；分别列举及确定责任人、完成时间 4. 报告分发人员： 报告日期：

（4）落实“开车前必须完成检查项”及工厂移交。无论是采用哪种开车前安全分析工具和检查方法，在开车前都必须确认所检查的项目是否都达到标准，检查出的问题点是否都找到了最合适的解决方法并处理完成。项目经理，或生产经理，或生产区域负责人，应该按初版报告的结果对检查项目或结果进行一一确认后，按实际情况对报告进行定期更新，并分发给相关的责任人和区域负责人。项目经理需要不断更新和保留此报告，最终在项目移交给工厂时，此报告最终版也一并移交至工厂。即整个整改的过程都应该有记录，并得到及时的跟踪。

（5）落实“开车后需要完成检查项”。在工艺系统开车后，项目经理或生产经理还需要完成“开车后需要完成检查项”，只有这些检查项目都完成了，开车前的安全检查工作才算真正结束。对于某些需要长时间才能完成的任务，一般可以由生产经理负责完成。

（6）编制开车前安全检查最终版报告。在所有的检查项目中，不符合要求的，或被遗漏，或被现场检查人员所检查出来的问题点，被一一解决完后，经项目经理或生产经理确认后，制定最终的《开车前安全检查报告》。该报告中要附有一份完成的检查清单结果（更新后的检查清单，含被遗漏但被现场检查出的问题点）记录。此报告需与其他工艺安全信息一并保存在工厂，以便生产人员随时调阅。

开车前安全检查是确保新建项目或重大工艺变更项目，具备安全投产条件和预防灾难性事故的一个控制环节。它应该由一个有组织的小组来执行，通常由项目经理或生产经理负责组建，小组的成员及规模根据项目的具体情况而定。在开车前安全检查过程中，项目和工厂人员可以通过现场实地检查和召集会议等形式，确认现场的安装符合设计的要求，并根据预先编制的检查清单，对现场的情况与清单上的内容进行一一匹配确认，以确保问题点或项目内容在开车前完成。对于发现的问题点，务必保证在商定的时间内完成并加以跟踪确认。

第六章

Chapter 6

操作程序

1. 安全标准操作程序

企业安全生产管理的落脚点和归宿，既不是企业的决策层，也不是企业的管理层，而是企业的操作层。安全生产管理的最终实践者，是企业生产的操作层。以标准化管理来规范企业基层安全生产管理行为，实现产品效益最大化的同时来实现安全生产效益最大化。在国家日益关注安全环保生产作业的前提下，以国家标准为主体，行业标准、地方标准和企业标准相互衔接的安全生产标准体系已经形成。各种标准互相补充、互相制约，成为企业安全生产标准化建设的依据，为企业安全生产管理标准化打下了坚实的基础。所以，企业要搞好安全生产，就必须从基层做起，以标准的贯彻和落实来保护员工在生产中的安全与健康，以此实现企业效益最大化。既然基层是执行安全管理的主要操作者，安全标准操作程序就应该从人开始，围绕基层的操作进而展开安全标准操作的相关要素。如图 6－1 所示。

（1）人的生产作业行为标准化。不同生产区域的员工，所负责的生产作业内容可能都不一致。因此，首先要规范各员工的操作作业行为，就必须制定完善的标准化操作规程，并在规程实施前进行相应的操作培训，使员工学懂并学会，全面、系统地掌握整个操作方法。对于新

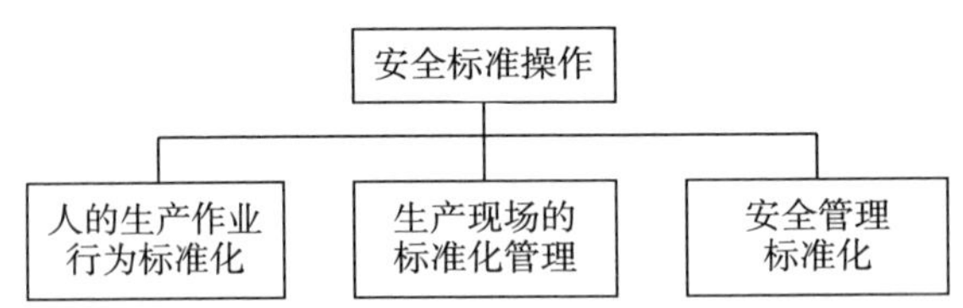

图 6－1　安全标准操作程序三要素

进员工，以及调岗、顶岗员工，要及时做好相应的培训，并经考核通过后才能上岗操作。

第一，操作过程中，对于一些关键的操作或危险等级较高的作业程序，除了做好安全保护措施外，还需要进行双人把关操作，严格按照操作作业程序进行。

第二，员工要对该岗位的生产工艺、生产设备、设施、工具、用具等按照标准进行全面的危害识别，在危害识别的基础上制定出岗位风险提示卡。通过危害识别，使员工全面掌握本岗位存在的风险及防范风险的措施，并且能熟练应用这些防范措施，防止事故的发生。

第三，要制定《员工安全手册》，用企业的安全理念、安全价值观等安全文化教育员工，提高员工安全意识；用消防器材使用、呼吸器使用、员工受伤后的应急技能教育等培训，提高员工的应急能力。使员工全面了解一些基础的应急救援措施，并能过一系列的安全活动与培训，让员工建立“安全第一，预防为主”的安全理念，时刻关注安全，关心安全，提高安全意识，减少安全事故的发生。

（2）生产现场的标准化管理。化工企业都会要求严格区分生活区与生产区，并保持安全距离。因此，一般情况下化工企业内部不设有员工宿舍与使用明火的饭堂等生产区域。同样的，对于生产区域，也应该时刻保持安全通道的畅通无阻，作业环境按 6S 的标准执行，划分好指定的设备区域与生产活动区域，把物流和人员通道做明确的标识与区分；生产现场所使用的设备、设施，定期做好维护与保养，以确保它们的正常动作，符合标准要求且完好率达 100% 。

其中，特种设备的高要求管理，更要符合标准且每年都要经过检验部门检验合格方可使用。除了现场的设备、设施符合安全规定并定期做好维护与保养外，对安全起防护作业的设备、设施也要配置到位。如生产作业使用的各种设备、设施的安全防护装置、连锁装置要齐全且符合标准要求，各种安全监控装置、仪器、仪表、防火/灭火设施等要合理布局、合法使用，电器的接零、接地符合标准要求且每年进行检测。生产过程中使用的各种工具、用具都要归类摆放，方便拿放，提高现场的安全戒备等级。这些要形成系统并能使员工时刻都能查到相对应的操作标准，生产主管就需要投入一定的精力去创造员工的学习环境与营造安全操作氛围。

除了定期组织生产现场人员学习和回顾相关的规章制度、操作规程外，企业要尽可能地把操作的标准化要求做成图文并茂的海报在现场粘贴，让员工严格按照标准操作。同时，为了让员工时刻关注安全并提升安全意识，企业需要制造一些针对性强的安全告知标志并放置在显眼的地方，起到较强的警示和告知作用。总之，企业需要通过现场的软件、硬件两个方面的建设，去提高现场的安全操作意识，提升安全等级。

（3）安全管理标准化。安全问题都需要进行系统的管理与管控，一般企业都会建立系统的安全管理体系用于日常安全管理与管控。他们会根据国家的法律法规及地方的政策等为依据，建立工厂安全管理所需的制度与政策。

第一，企业或工厂投入足够的资金提升现场的安全设备、设施或整改不符合项。如化工企业因为所使用的原材料或生产过程涉及化学反应的危险级别较高，考虑到安全性，企业或工厂会投入资金去改造、提升现场的设备安全性，对一些易燃易爆车间进行危险性识别，设备等变更为防爆；对于现场的一些动工或维修，严格按照特殊作业流程进行审批管理。

第二，根据管理体系的要求，以及企业或工厂自身管理的要求，定期组织人员进行安全体系的符合性审查。这是企业或工厂安全管理最基本的内容与行动之一。通过符合性审查，一方面，能使企业或工厂的安全管理与法律法规或地方政策相匹配；另一方面，可以通过审查发现各个环节上的操作问题并予以整改，提升原有的操作要求与标准，提升现场安全管理级别，还可以通过审查对发现的问题进行危害识别，对一些存在重大安全隐患的问题采取一定的措施，将其危害规避甚至消除。如表 6 –1 所示。

表 6 –1　不同形式坠落事故的风险点识别

作业内容	危险源/事故	引发事故风险点
拆除工作	作业过程中坠落	站在不稳定部件上面从事拆除等工作
		拆除脚手架、井架、龙门架等没有系安全带
		拆除井架、龙门架没有预先拴好临时钢丝网
		人随重物坠落
		操作用力过猛、身体失衡
		楼板架上堆放拆除的材料超载，造成压断楼板等坍塌
在屋面工作	从沿口坠落	屋面坡度大于 25 度，无防滑、防坠落安全措施
		在屋面身体不慎失衡
		身体不适，突然头晕、休克，导致从屋面高空坠落
		沿口构件不牢或踩断，人随着坠落
在梯子上作业	从梯子上坠落	使用坏梯子或梯子超载断裂
		梯脚无防滑措施、使用时滑倒或垫高使用
		梯子没有靠稳或斜度大
		人字架两片间没有用绳或链拉牢
		在梯子上作业方法不当
		人站在梯子上移动梯子
天花板检修	检修时坠落	光线太暗，操作时没有铺脚手板或沿屋架上弦走动时不慎踩空
		由于个人生理或身体的原因，在操作时不慎坠落
在龙门吊转料平台作业	作业过程中坠落	龙门吊转料平台口转料平台搭设不符合规范；搭设材料钢管、踏脚板不合格，致平台倒塌，人员坠落
		龙门吊转料平台邻边无防护，没有用 1.2 米高的安全防护栏杆及安全防护网做防护，人员不小心从龙门吊转料平台口邻边坠落

续表

作业内容	危险源/事故	引发事故风险点
		龙门吊转料平台没有照明装置，晚上工人作业，不小心从高空坠落
		龙门吊转料平台无安全防护门，或有安全防护门但无扣钩卡，或有防护门及扣钩卡但无人落实，致使工人不小心坠落
		工人在龙门吊转料平台打架或嬉戏，不小心坠落

第三，企业的安全管理工作离不开领导层的参与关注，为了企业或工厂的安全管理能落到实处，领导层的亲身参与是推动整个安全管理最好的动力。因此，为了进一步推进企业的安全管理与文化建设，企业或工厂可以考虑设立安全领导小组，定期由领导去带头开展一些安全相关的活动，如带领团队定期做安全检查、定期与员工一起探讨安全问题及解决方法、组织相应的安全管理手段的分享与培训、与员工一起去确认安全整改措施的落实程度、让员工持续参与跟踪改进措施等。除此之外，企业或工厂的安全管理部门，要定期举办一些与安全相关的活动。如安全月活动、安全知识竞赛、现场安全实战演练、安全消防器材的使用培训、安全标语宣传、急救技巧培训等。

2. 工艺标准操作程序

工艺标准操作的实质是按标准的工艺流程，再结合现场的工艺技术参数作为辅助，以工艺危害分析为基础，严格控制变更程序来实施的一系列标准操作程序。工艺标准操作的目的是为了使生产操作更稳定、更安全，它的核心在于在生产投产前，所有的设计与建筑，以及设备的选型均以工艺技术为出发点，在进行一一的工艺危害分析后投入生产。而在投产前，对设备进行完整性分析并有针对性地制定定期维护与保养计划；在生产过程中，严格执行 BOM 表的要求，按工艺操作作业指导书对生产进行监控并对关键工艺参数进行统计分析；严格控制工艺过程中，以及工艺路线上的任何变更，对变更进行管控并在必要时开展相应的工艺危害分析，以提高生产的安全性。因此，对于工艺标准操作程序，它的规范贯穿于整个生产的前后及过程。

（1）工艺标准操作开始于工艺设计之初，以及设备的选型与相对应的建筑物的建造。生产线在建造之前，会经历选址、生产工艺过程的设计、设备的选型，以及相对应报警装置与参数的设定等。因此，企业或工厂会根据生产线的生产内容及生产过程中将会用到的物料，对厂房的朝向、层高、材质、通风系统、机电仪及排污等进行统一规划，使厂房的基本硬件达到工艺技术的要求。

另外，在整个生产工艺的设计过程中，考虑工艺的原理及物料、产品的化学特性，对生产线的管道走向、设备的位置、阀门的类型，以及安装的位置、加热的形式、保温材质、蒸汽或循环水的管道设计等，都按生产工艺过程进行设计并与工艺技术人员进行符合性分析。对于设备的选型，严格按照工艺设计的要求与标准，选择符合工艺要求的设备/管道材质、容量及符合量程要求的计量器材。同时，选择与生产设备相配套的安全反应连锁装置，对于关键参数等设置报警系统进行实时的监控，便于在工艺监控过程中实施全程的记录和数据的调阅与分析。

（2）在投产前，工艺危害分析，以及开车前的安全检查是工艺标准操作的必要环节。在工艺设计环节及装置安装完毕后，在正式投产前，项目负责人或生产经理必须要对项目或设备进行一次高级别的工艺危害分析和开车前的安全大检查。因此，工艺人员及项目负责人要主动召集各方面的“专家”，利用安全分析工具或手段，对整个项目及工艺系统、设备等进行一次彻底的工艺危害分析，尽可能地在工艺危害分析过程中将所有问题都分析或发现出来，提前制定纠正预防措施或通过改造的方式把安全问题点都规避或消除掉。

除此之外，为了避免在工艺危害分析过后，问题点的持续改进得不到很好的跟踪而导致安全事故发生。在生产开车前，都必须进行一次系统的开车前的安全大检查。根据企业或工厂事先制定好的检查内容，或根据项目、设备特点所设定的检查内容进行一一确认与安全审查，必要时进行水试来调整工艺参数及验证计量器材的准确性，或者通过一些“逆反应”条件来验证报警系统的有效性和现场对应急处理方法和措施的掌握度。总之，就是在生产正式投产前，确保工艺装置的安全性，以及现场操作人员对工艺操作及应急技术的把握度。

（3）在生产制造过程中，严格按照工艺操作作业指导书和标准进行操作。特别是化工企业，工艺偏差往往会导致重大的安全事故的发生。因为所反应的物料，如果不按要求的量进行投料进而导致反应不完整或过量，均会对反应设备造成不可逆的影响，或压力的上升导致质量事故、安全事故的发生。因此，在产品制造过程中，要严格按工艺配方及规范的操作进行生产作业。

一方面，工艺技术人员要严格按照生产的要求制定配方卡及投料标准，即生产上所使用的 BOM 表。它是单位量产品生产所需要的原材料（含包材）。正所谓“巧妇难为无米之炊”，没有原材料也就无法正常生产。BOM 表则是核算特定产品数量所需要的原材料。生产计划员通过 BOM 表确认原料的数量是否达到生产的需求和是否需要采购。而生产现场操作人员根据 BOM 表的标准，核算单批次生产所需的物料的量，按标准向仓库提出领料的需求，让生产现场不遗留多余物料而影响生产现场的管理。同时，对投料量也要进行严格的、精准的控制，绝不允许比 BOM 表的投料量多一克的情况出现。

另一方面，根据现场工艺设计的要求与原理，以及整个反应的化学物质，制定相对应的产品生产操作作业指导书及相应的生产操作记录。生产操作人员严格按操作作业指导书的操作流程进行操作，并做好相对应的操作记录，关注生产过程中关键参数的生产点，并对生产过程重点监控的关键点进行记录与数据对比分析，对于异常的情况第一时间与工艺技术人员联系，并取得下一步处理措施意见或方案。

为了方便现场的操作与管控整个生产过程是否正常，企业或工厂一般都会使用一些辅助性的监控设备。如通过 DCS 系统对生产进行实时监控，通过产品的中控对产品质量实现实时跟踪，在出现异常情况时，工艺技术人员和车间主管第一时间做出反应并调整工艺技术，在达到提高一次合格率的目标的同时，阻止一些因超出工艺范围的问题可能引发的质量或安全事故，或被数据统计分析而制定纠正预防措施而得到根源性的解决。

（4）严格管控工艺变更，对于变更后的任何事项都要进行工艺危害分析，并评估变更的有效性与安全性。变更得不到管控，等同于一个不懂化工知识的人员设计工艺操作标准和设备参数。如工艺技术员在生产现场对流量计的流速进行了调整，由原来的 10ml/s 提升到 20ml/s，而此变更并没有及时向生产现场和生产主管传达，结果在新的一次生产投料过程中，因为流速的问题，导致员工还是按以前的流速来控制整个滴加时间，进而导致物料过量而产生了暴聚，设备内部压力上升，引发了物料汇漏、人员烫伤、设备损坏等安全事故。

因此，任何一个变更，无论大小，都应该有记录并评估其有效性与危害性，并把变更的内容向有关人员传达并培训，相对应的所有操作流程及记录都应该做出修改并培训，以达到变更及时传达并得到有效管控的目的，避免因变更不当、传达不到位、培训不及时、相应的操作方法与记录得不到及时更新而产生安全事故。

3. 岗位标准操作程序

明确各个岗位的操作内容及标准，可以有效地使现场的操作人员做好工作的分工及工种的标准化操作，可以避免因为信息沟通不畅或任务分配不均导致的工作遗漏和安全工作的疏忽，进而引发人员及安全事故。因此，就岗位标准操作程序而言，应该有一份清晰的说明，阐述每个不同岗位的工作内容及相对应的责任与权利，并有书面说明作为日常的指导；阐述每个岗位对安全的要求及所配备的安全防护措施，以及员工日常应该掌握的一些应急预案和应急措施。

（1）每个岗位都应该有一份详细的《岗位说明书》，一方面用于表明企业期望员工做些什么；另一方面规定了员工应该做些什么、应该怎么做和在什么样的情况下履行什么样的职责。针对岗位说明书里的内容，以及实际的生产作业，生产主管要将其转换为员工一些实实在在的工作内容及行为标准。如生产投料工，生产主管可以把每天生产的投料量、现场的环境和安全维护、投料的操作标准等转换为一份书面说明或工作流程。这样，每个员工都可以清晰地了解自己每天的工作量，以及相对应的每一项工作的标准。同时，对于部门内部的一些管理方法及目标要求，生产主管也可以通过岗位工作内容的不同进行相应的指标转换，让员工在日常的生产作业过程中，不但能按自己的岗位工作内容完成相应的工作，还可以按整个部门的绩效目标去履行相应的责任，提高企业的管理目标达成率。如表6－2所示。

表6－2　理想主管一天工作内容表

上班前	上班后	上班中	下班后
（1）应提前15～30分钟 （2）先检视部门环境卫生 （3）查看当日早上使用备料状况 （4）当日生产计划再确认 （5）机床故障排除 ……	（1）早会，点名 （2）确认有无临时缺勤人员 （3）临时缺勤人员人力调整 （4）是否有新手，工作指导 （5）确认借出与借入人员 ……	（1）检查机器，工具是否正常使用及保养 （2）作业中人力不平衡时有无及时处理或请求上级支援 （3）有无依照生产计划的进度 （4）查看每位下属的工作有无依照标准作业 （5）制作过程中，确认产品品质 （6）有无品检员对不良品的查看，并追踪原因与改善 （7）有无人员工作情绪不稳定，给予协助 （8）有无产品堆积情况，应随时处理 （9）随时准备四个小时内生产所需要的人员、机器、工具、物料、作业标准等 （10）生产环境随时保持流畅 （11）报表与图表的查看 ……	（1）上级指示及下属反应的问题应当日处理 （2）次日工作预先做准备 （3）应保留思考时间（人员作用、工作指导、推动事项、改善工作） （4）下班前应检视部门内工作环境及安全事项 （5）查看当日工作目标达成状况 ……

（2）企业或工厂的安全管理部门所下达的安全目标及管理措施，应该在不同岗位上做出相应的操作实施说明，以及向他们阐述他们在此过程中所该负的责任与享受的权利。每一年，企业或工厂会下达一个全厂所要达到的安全目标（如重大事故次数、人员伤亡数量、TIR、工艺安全事故次数等），工厂会针对这些目标做出分析并拆解，向不同的部门及生产车间下达他们的安全目标。各部门再根据他们的安全目标，结合实际的生产作业情况、生产现场的情况等制定能确保安全目标达成的一些指标及相应的管理措施/行动计划。

其中，行动计划会向不同的岗位人员下达并做出相应的要求；生产主管为了达到安全目标，对于一些日常的安全巡查工作及安全培训等，都会按要求进行。在整个过程中，员工所享受的权利（如劳保防护用品的配备、安全培训、应急技巧学习等）都应该向员工说明并让员工知晓，员工有权利去拒绝一些安全防护不到位而开展的工作任务。安全部门为了使企业或工厂的安全工作，以及安全绩效取得一个很好的结果，除了一些各部门或单位日常要遵守的安全政策和赋予员工的权利外，他们还会使用一些强制性的手段去管理一些重要的安全问题、安全隐患。如当前越来越多企业沿用的“安全行为观察”，刚开始的时候，为了使员工参与日常的安全行为观察，可能设定了 2 次/人/月的量作为硬性指标来提高员工的参与率。当这个推行一段时间，而且员工的积极主动性开始建立了，安全部门会进一步加大此要求，要求每人每周提交一份安全行为观察报告。这种硬性指标在刚开始推行的时候，可能会引起很多不满，员工甚至会有抵触心理，但是在推行一段时间后，大家都会发现身边的不安全行为和制止不安全行为已经成了员工工作内容的一部分，他们越来越肯定其中的好处并开始接受。

（3）岗位的安全操作标准的制定，都是以安全体系的条款要求为基础来设定的。因此，企业应每年至少开展一次对本单位安全生产标准化的实施情况的评定，验证各项安全生产制度措施的适宜性、充分性和有效性，检查安全生产工作目标、指标的完成情况。另外，企业主要负责人应对绩效评定工作全面负责。评定工作应形成正式文件，并将结果向所有部门、生产车间和从业人员通报，作为年度考评的重要依据。企业或工厂发生死亡事故后应重新进行评定。对于每次审查所发现的问题，都必须落实整改的责任人以及整改时间，在规定的时间内对整改项目进行监控，对整改完的项目或问题进行详细的审查、验收，对安全生产目标、指标、规章制度、操作规程等进行修改完善，持续改进，不断提高安全绩效。

第七章

Chapter 7

安全工作实践

1. 工厂物料管理

工厂是实施生产作业、制造产品的载体，在生产作业过程中，除了人员是最基本的要素之一外，还离不开物料。物料管理在一个工厂的日常管理工作中，除了最基本的“使用”外，它的来料、检验、入库、出库、盘点、存储等都成了企业安全管理的一个重要组成部分。特别是针对化工企业，一般物料与危化品的管理方法与差异将是工厂对于物料管理最基本的要求。它们的区别管理与管理要求，一般都是按以下原则进行的：

（1）按需采购，尽量减少在押库存。这个原则不但可以减少企业的库存成本和管理成本，还可以减少危化品在库期间可能出现的一些安全隐患与问题。物料计划员在采购物料时，要清晰地了解工厂的设备情况、公用系统的供应状况、人员状况等是否符合生产的需求，生产计划能否如期进行。

根据所了解的信息再确定物料的需求量而进行采购；采购与供应商协商最接近单次用量的来料量与最接近生产投料的到料时间；质保部在接到报检信息时，及时对原料的质量状况进行确认；仓库在确认原料的质量状况合格后，按生产用料的需求时间及时向生产作业车间发送物料；生产作业车间及时进行投料操作。总之，整个链条上的物料管理，都以单批次使用量为基本单位，从采购开始到物料的到货、检测、使用，各个环节都做到无缝对接，减少物料在工厂的停留时间。只有这样，工厂的物料管理才能达到0库存，以0库存来确保没有因为有物料停留在工厂而导致的安全隐患与事故的发生。

（2）对工厂物料进行集中管理，普通物料与危化品需做好隔离与防护。物料越是分散，就越是不利于管理。因此，工厂的物料应该由仓库统一规划区域进行统一的管理与监控。

第一，仓库应该有系统记录仓库所有的物料清单与数量，现场对所存储的每一种物料都有相对应的MSDS。

第二，仓库的管理人员应该熟悉每个物料的MSDS，以便在出现异常情况时能第一时间做出正确的处理与现场指挥。同时，仓库现场应该有就漏料、倒料、反应等情况有紧急处理流程指引，能让现场的任何一个员工在面对异常情况时都懂得处理，提升现场员工的紧急处理能力。

第三，仓库的管理人员应该严格按照库存管理的要求，定期对物料进行盘点与库存状态的确认，对于盘点有异常的第一时间查询原因，避免人为地对物料进行一些恶意的处理行为。对于库存状态出现异常的，应该第一时间与相关的人员确认处理方法并做出相应的处理，以防出现重大质量问题或因原料的异常导致的呆滞物料的产生。

第四，危化品即危险化学品，是指具有易燃、易爆、有毒、有害和放射性等特性，在运输装卸和储存保管过程中易造成人员伤亡和财产损毁而需要特别保护的化学物品。它的存储必须遵照国家法律、法规和其他有关的规定，存储在经公安部门批准设置的专门的化学危险品仓库中，仓库存储化学危险品及存储数量必须经公安部门批准。仓库也必须配备具有专业知识的技术人员，设置专人管事，管理人员必须配备可靠的个人安全防护用品。同时，根据危化品性能进行分区、分类、分库存储，各类危化品不可以与禁忌物料混合存储。按照危化品的类别，设置与危化品特性要求一致的存储环境，以避免因高温、潮湿等条件引发危化品的爆炸、起火或泄漏等安全事故的发生。

（3）对于工厂的每一个物料的领用与使用情况，都应该有详细的记录与跟踪。工厂物料的领用记录，不仅可以清晰地了解物料的使用量及用途，还可以通过对物料的去向跟踪查询到产品的质量状况，以及出现物料使用量异常时，通过系统查询到物料的去向，确认是否有恶意领用物料与使用物料的情况出现，特别是对于危化品的管理。

2. 工厂安全监控手段

安全是一个永久的话题，也是一个企业或工厂时刻都保持着高度警惕的话题。它除了需要完善的安全管理体系保障日常的作业安全、有良好的安全文化来指导员工的日常工作外，还需要一系列的监控手段与方法，特别是利用当今的信息化设备进行有效的现场安全的监督与监控。有关资料表明，70%责任事故是由习惯性违章引起的，习惯性违章是一种长期沿袭下来的违章行为，它实际上是一种违反安全生产工作客观规律的盲目行为方式，或随心所欲，或习以为常，操作时只图方便省事，不考虑严重后果，冒险盲目作业，因而忽视劳动保护。

在化工这个高危行业，任何一个环节出现问题，都可能导致隐患、事故、污染等的发生，因此要抓好装置现场的安全稳定生产，基层安全监督是关键。作为基层安全管理监督人员，工作在各类检查维修作业中和日常安全生产的第一线，更需要苛刻、挑剔地维护各类特殊作业管理制度的执行，要严格落实各项安全环保措施，管理中要着力推进严、细、实的安全环保管理，坚持做到各类管理规定认真落实不走样，生产过程的各个环节细心操作不间断，各类人员责任制落到实处不动摇。通过严格执行制度，把问题的存在与解决衔接起来，在基层推行严细管理，把安全环保制度落到实处，最终搞好车间的安全工作。在规范和控制人的不安全行为工作方面，要持之以恒，常抓不懈，才能大大减少事故的发生。从工厂的作业类别，以及信息化、科技化的技术来看，工厂的安全监控应该对现场作业及相应的监控方法进行分析。

（1）现场作业的安全监控，它可以分为生产制造/作业过程的监控，工程施工现场的作业监控，设备、设施的运行安全监控和特种作业的安全监控。

生产制造/作业过程的监控，是工厂安全监控的主要部分之一。因为工厂要盈利，生产作业无时无刻不在进行着。在生产制造过程中，工艺控制是预防安全事故最有效的方法。因此，必须对生产过程中的工艺关键控制点做好监控与分析，分别针对每一个工艺关键控制点的异常情况做出详细的流程操作说明，让生产操作上的每一位员工在遇到异常情况时都能及时发现并做出相应的处理，以防止重大安全事故或质量事故的发生。

对于经常出现工艺关键参数偏差的生产过程，工艺工程师要引起重视并对生产作业过程进行详细的分析，以及对工艺的合理性进行重新评估，重新对生产制造过程的工艺参数进行监控，直至工艺过程完善并找到关键控制点的最佳平衡点，以确保生产过程的顺利。整个过程都需要现场的生产操作人员的高度重视，并以敏锐的嗅觉对过程的每一个关键点进行判断与分析，在跟踪的过程中不断地分析与发现其中的异常点并按流程进行通报、解决。

对于生产的一些辅助性部门，质保部、机电仪、仓库、公用工程等，每个部门对生产作业过程进行安全监控，首先是识别部门内部的安全风险点，对部门内部的操作关键控制点采取强制性的安全控制手段并进行重点监控。

其次，对操作人员的日常操作行为，以及一些异常情况的处理流程进行培训与提升。通过抓重点再结合规范操作人员行为的方式，两者共同作用去提升现场的安全水平。

工程施工现场的作业监控。无论是生产区域内的工程施工现场还是独立的工程施工现场，工厂内的安全监控都要针对现场是否做好施工现场与生产作业现场之间的隔离与防护；施工现场是否按要求配备相应的劳动防护及安全应急用品；工程队的施工人员的个人安全防护措施是否到位；现场的施工许可证件是否齐全并满足施工现场的需求；现场的施工人员是否经过相应的培训后才上岗作业；现场的施工设备、设施是否有详细的清单并有定期维护、保养记录等。工程施工现场的作业监控完全按“工程作业”或“承包商”的管理进行日常的监督与管控。

设备、设施的运行安全监控。设备、设施的运行出现异常现象，这是一个结果，严重的也可以说是一次事故。对设备、设施的运行安全监控，主要是针对日常运行过程中所采取的手段进行的监督与管控。要做到这些：

一是需要有一份详细的全厂的设备清单及工厂关键设备清单。

二是针对每一种类的设备及关键设备，配备相应的设备标准和运行参数，用于现场操作人员做日常的点检（日常监控参考）。

三是有与生产计划相匹配的设备、设施的维护计划。一方面，可以有效地对设备、设施的日常运行进行安全监控；另一方面，也可以减少设备、设施的异常，减少安全事故的发生。

特种作业的安全监控，包含对特种设备及特种作业人员的安全监控。在工厂使用的特种设备，责任部门要有清单并清晰标注其年审的时间要求与规定，按要求定期进行年审并按年审的整改要求对设备进行整修与维护。使用与操作特种设备的人员必须是通过特种设备作业考核的持证人员，利用对作业的熟悉度，以及对特种设备的标准运行程序与参数，对日常特种作业的安全进行监控。另外，对于工厂内的动火作业、登高作业、密闭空间作业等特种作业，严格按照特殊作业流程进行，安全部门派人进行专点监控来进行安全监控。

（2）利用网络科技的方法对作业环境进行监控。为了集中对工厂各个关键地点及安全防护重点区域进行安全监控，一般工厂都会使用监控摄像的方式进行区位布点来时刻观察、监控现场的作业情况。这样，可以在监控室对关键区域进行24小时不间断的监控与数据采集。只要在监控现场发现异常，就可以第一时间与区域负责人联系上前查看问题并及时采取相应的处理措施，防止事故的扩大与发生。如果事故发生了或出现了警报，区域负责人或工艺技术人员可以通过调取监控的形式对事故的信息与情况进行数据收集，为事故的分析与纠正预防措施的制定提供依据与数据支持。

3. 安全宣传与演练

安全的核心是人，安全专项行动的成败也在于此。从企业或工厂的角度来说，设备设施和生产线都是人在操作运行，环境安全与否与企业运营安全情况息息相关，所以只要能保证人员安全、规范操作，机器才能安全地运行，从而实现生产的安全。绝大多数安全事故和隐患，都是直接或间接由人的不安全行为或人的安全意识淡漠所致，在很大程度上，“人”安全与否，直接关系到安全生产的成败。因此，提高人的安全意识与人的应急能力，能在很大程度上减少安全事故的发生，以及事故的扩大或人员的伤亡。

在安全管理中，企业或工厂都提倡“安全第一、预防为主”的安全管理理念，通过现场的安全宣传及应急演练，可以让员工的生产安全意识进一步提升，为安全生产提供保障。而班组的安全文化建设是生产安全之本，是安全环保的前沿阵地。通过对生产企业发生的大量事故资料统计分析，结果表明98%发生在生产班组，其中84%的原因直接与班组员工有关。安全管理的好坏，是企业诸多工作的综合反映，是一项复杂的系统工程，只有领导的积极性和热情是解决不了问题的。但是仅仅部分职工有较高的积极性也不行，因为个别职工、个别工作环节上的马虎和失误，就会把企业的安全环保成绩毁于一旦。这就是安全管理工作的难度所在。

企业班组是执行安全规程和各项制度的主体，也是贯彻和实施各项安全措施的主体。尤其是班组生产任务较重、在生产岗位干劲正足的时候，或者在倒班工作到凌晨精神状态不太好的时候，出现了不安全因素，或其他事故隐患，或生产与安全环保发生矛盾。如果此时的班组长出现懈怠或企业对安全的重视程度不高，从而影响生产员工对安全问题的严重性做出正确判断，就很容易导致安全问题被忽视进而引发安全事故。如果企业的安全理念宣传到位，并且在员工心目中早已形成了“安全第一”和“安全效益等同经营效益”的思想理念，在与安全问题相冲突的时候，他们第一时间做出的决定就是停止生产、立即采取安全措施，及时处理事故隐患，消除不安全因素，安全和生产都得到了保障。反之，生产班组中安全环保优先的方针不落实，即使是领导干部大会讲、小会布置，当安全与生产发生矛盾时，生产仍会成为员工的“一道坎”，安全仍旧无法保证。

因此，离开班组的安全文化建设与宣传，安全生产的管理制度和规范将成为空中楼阁。企业要提高安全管理水平，就必须重视基础，必须做好班组安全文化宣传与建设，真正落实“依靠员工、面向岗位、重在班组、现场落实”的系统工作思路，基层车间的职能人员以落实班组的安全措施为重点，深入生产一线看、听、查、找、帮，采取普遍查与重点查、反复查与跟踪查，结合公司和厂级教育与宣传，认真组织开展车间检查，着力夯实基层班组安全管理工作。

另一个提升现场员工的安全意识，提升安全建设工作的宣传手段就是培训。没有教育培训就不会有规范的行为，制定可操作的岗位操作规程，即SOP、安全规程，再通过培训将书面的制度转化为每位员工的自觉行动，只有全面开展各类安全培训，在安全教育上下功夫才会达到相应的目的。安全培训与企业安全文化建设同步，每周一次的班组安全学习，车间领导干部和技术员按照相应班组分别参加。培训内容要与员工的日常工作相贴切，内容不呆板，不是领导逐字逐句地朗读，而要剖析石化行业安全事故原因、结合本装置现场实际来学习工艺原理、和员工一起弄懂规章制度的细节与缘由，学习者之间要有讨论，以及每人一句结合本职岗位的学习心得体会，不搞形式走过场，才能真正地达到培训的目的。

操作技能培训应当尽量结合现场实际、注重实效，主要是学流程、学操作、学一般故障排除、学维护保养，车间组织员工参加厂级以上培训，同时车间组织开展形式多样的业务知识、安全知识培训，在应知应会的基础知识、基本技能上下功夫，才能真正提高员工的安全素质。安全生产培训是提高全员安全文化素质最深刻、最根本的方法，更是保障企业安全生产、环境保护、员工身体健康和生命安全的根本所在。所以，提高安全教育培训的针对性，才能达到学以致用，用之有效的目的。而目前安全培训主要形式仍然仅限于有关法规、文件通报和相关知识技能的书面式培训，多年来一贯制的形式内容显得多少有些苍白无力，员工对这样的培训形式普遍感到枯燥、单调，反应麻木、厌倦，起不到警示作用。

因此，培训方式应尽量克服念文件、讲规定、提要求、做总结等一成不变的形式。安全教育应当重点突出，其中对化工行业事故通报的学习尤为重要，不可以一知半解、流于形式，可以充分利用现有事故资源，开展诸如过去 3 年的 30 起化工行业重点事故学习及化工行业重特大安全环保事故学习，结合事故模拟录像，重点掌握所有事故原因，用这样震慑式的培训内容来取得振聋发聩的效果，激发员工强烈的使命感，以起到安全教育与宣传的作用。

安全管理体系建设和实施过程中，领导的承诺和亲自参与非常重要。平时车间管理人员强调安全理念，强化现场巡检，实施干部走动式管理。据统计，90% 以上的工伤事故发生在生产作业现场，70% 以上安全环保事故是由于职工违章作业和思想麻痹造成的。所以，应当加强车间干部领导的现场巡视与监督工作，以此及时纠正现场违章，及时发现作业现场和班组管理的薄弱环节，及时消除人的不安全行为和物的不安全状态。

车间主管领导参加班组交接班会，并强调公司近期安全理念；生产班组强化现场巡检，结合干部走动式管理，及时发现装置漏点和隐患，漏点实行挂牌管理，并建立装置漏点管理台账，一方面督促及早消除漏点，另一方面通过漏点台账的系统整理比对寻找隐患管线，以便在装置停车或大检修时一并处理，切实保证装置正常运行时的安全环保。强化各生产区域或部门的安全管理的主体责任意识，树立“生产服从安全，效益服从安全，一切依靠安全”的管理理念，形成“谁主管，谁负责”的工作格局和“齐抓共管”的安全氛围。车间领导干部，不仅要口头言教，更要身体力行，用模范的作用、严谨的作风、科学的方法、踏实的行动，教育和引导员工。

除严格的管理外，车间要积极营造良好的安全文化氛围。安全环保文化建设可以在深层次上影响职工的观念和态度。通过认真组织开展“安全生产月”和“安全知识竞赛”活动，以及收集基层岗位人员的车间安全环保合理化建议、行为安全观察来提高员工的参与意识和积极性。必须认识到，职工的参与意识和信心的建立是抓好安全环保工作的首要前提。员工多写装置安全环保、防冻、消漏、隐患治理等的相关文章，车间给予一定的稿费或奖励。

通过安全环保宣传教育，以正确的舆论引导人；通过表彰宣传先进的人物事迹，以正确的舆论引导员工学习安全生产先进典型；通过曝光违章行为处罚，以鞭策落后、教育广大员工，形成“遵章守纪光荣、违章违纪可耻”的浓厚文化氛围。企业要努力提高全员安全、环保观念，通过宣传教育等手段不断强化安全第一的哲学观、预防为主的科学观、尊重生命与健康的情感观、安全就是效益的经济观、保护环境的社会责任观，将“关爱他人、善待自己、保护环境”的理念融入基层管理实践，建立起全员的认同感和责任感。

“三违”的外在表现是行为，根子却在思想上，缺乏强烈的安全环保意识。通过教育疏导，潜移默化地让安全环保理念深入人心。我们要用科学发展观、建设和谐社会等理论，占领职工思想主阵地，教育、引导职工高尚的情操，不断提高员工观念、意识、道德、修养等方面素质的涵养，正确的心理支配良好的行为，把自我价值构筑在企业发展的平台之上，激发员工的主人翁意识和强烈的责任意识，自觉主动地端正工作态度，履行工作职责，自觉杜绝、相互纠正“三违”现象。此外，基层车间安全环保工作需要互相学习，应该采取“走出去”的办法，到先进单位学习，亲自感受精细化管理带来的成效，开阔视野，克服不足，找出差距，消除自满情绪和畏难情绪，树立安全管理的决心和信心。

总之，企业生产安全管理工作实践不可能一蹴而就，要循序渐进、不断坚持、深入持久，才能有效地控制风险、有效地消除事故隐患。务实安全体系管理基础工作，才能实现安全目标，保证基层装置安全管理体系得到良好的运行，使企业安全工作生产与实践得到效益化。

除了对安全和管理理念采取各种方式进行宣传与深化外，何时提升现场操作人员的应急处理能力，也是提升现场工厂安全管理的重要工作。而提升应急处理能力，最好的办法就是模拟事故现场，进行安全事故演练，在演练的过程中，可以清晰地了解现场操作人员的应急处理能力的强弱和缺陷，能有针对性地对现场操作人员所欠缺的应急能力进行补充与提升。工厂的安全演练可以分为“有预案”和“无预案”两种方式。

首先，不管是哪种方式的演练，工厂都有对一些重大的事故进行年度的演练计划的制定。各部门及单位根据区域的安全风险和可预计发生的事故进行年度计划的制定，提报安全管理部门统一审核与协调。

其次，对于“有预案”的演练，由区域负责人对整个演练进行“编剧”，设定一个特定的场景，相应的演练人员按“剧本”进行演练，便于现场操作人员按流程进行应急救援，通过演练测试整个事故的处理流程是否流畅，以及事故的处理所需的时间与资源。同时，通过有针对性地对一些应急能力技巧进行培训，让现场人员使用技巧，测试现场操作人员对应急处理技巧的掌握度。

最后，区域负责人或安全管理部门人员“制造现场事故”，即“无预案”演练。这是真正考验与验收现场操作人员的应急处理能力的方式，通过这种演练，可以清晰地了解现场操作人员对事故处理的短板及缺陷，在对演练进行总结时，可以有针对性地对这些短板与缺陷进行补救，这样可以快速提升现场操作人员的应急事故处理能力。

第八章

Chapter 8

现场监管及审核

1. 安全监管的作用

安全监管是安全管理的一种，是为了维护人民的生命财产安全，运用行政力量，对安全进行监督与管制的一种特殊活动。监管，通常情况下为监督与管制之合称。监为监视、观察；督为责成、催促。现代管理中的监督，是指管理主体为获得较好的管理效果，对管理运行过程中的各项具体活动所实行的检查、审核、监督督导和防患促进的一种管理活动。如图 8－1 所示，安全监管主要有五大功能：

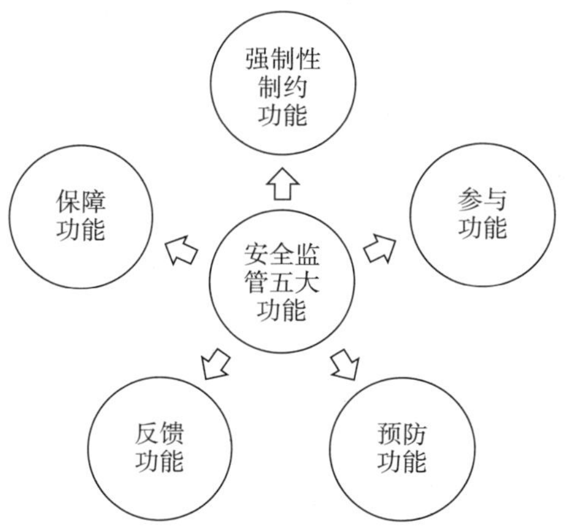

图 8－1　安全监管五大功能

（1）强制性制约功能：为了保证管理目标的顺利实现，对管理过程中的各个要素、各个环节、各个阶段进行的检查、牵制活动。主要是通过即时纠偏，使管理沿着正确的轨道运行，保证管理目标的顺利实现。

（2）参与功能：为了保证监管活动的有效性，使监管者参与每项具体管理活动，并在参与中实施监管。监管活动要渗透于决策、计划、实施、监督、评价等环节中。如对管理目标，既要检查目标的先进性、科学性，又要检查计划的严密性、可行性。这表明，监管的重点是抓源头。

（3）预防功能：除了检查纠偏外，还要善于发现和寻找各种对未来工作产生不利影响的现实因素或潜在因素，以预防、阻止各种错误和偏差的产生和出现，保证管理目标的顺利实现和管理最佳效益的获得。监管就其实质而言，是管理的一项职能，是众多管理活动的一部分，这就决定了监管与被监管的根本目的的一致性。这一点往往被错误地理解。

（4）反馈功能：监管也是一种反馈，而且是一种及时的反馈，对管理起着重要的促进作用。监管首要是检查，通过审核检查，能及时发现存在的各种问题和偏差，从决策的目标是否先进、计划的安排是否合理、指挥是否得力、协调是否有效，以及组织机构是否健全完备等方面反馈有关信息。

（5）保障功能：监管也是最有效的保障，即使国家与广大人民群众的利益得到实现。为了实现这一功能，对某些利益集团的对抗行为，作为监管主体的政府，有时不得不运用国家行政的手段予以强制性纠正。

制约功能确定了监管的范围，参与功能指出了监管的过程，预防功能突出了监管的重点，反馈功能则为监管提供依据，保障功能则是监管的出发点和落脚点。它们之间相互联系、相互配合，形成监管活动的功能体系。

2. 安全管理体系的审核

审核主要是指对管理体系的符合性、有效性和适宜性进行的检查活动和过程，就审核的方式来说，审核具有系统性和独立性的特点。系统性是指被审核的所有要素都应该能覆盖到；独立性是为了使审核活动独立于被审核部门和单位，以确保审核的公正性和客观性。安全管理体系审核主要是要确保工厂正确履行工艺安全管理系统的各个要素，对于一些不符合系统要求的问题能第一时间被发现，通过及时的整改措施规避风险和事故的发生。

工艺安全管理审核是从管理的层面上确认工厂是否落实了工艺安全管理系统的要素，以确保工艺系统的安全。比如，对于工厂的某个压力容器，在工艺安全管理系统上审核的内容是整个工厂是否有有效的管理制度，以确保压力容器的设计、安装、运行、维护和维修等环节符合政府法规、标准、公司自己所制定的相关标准等。主要关心的是那一个系统的设备的管理系统本身是否完善、是否处于健康的运行状态、是否有依据可行，还有的是会提出一些改善管理系统的意见。

对于工艺安全管理审核的频率，工厂应该怎样确定呢？总的来说，工厂应该按照法律法规的要求和工厂的实际安全情况来制定。可以从以下几个方面去考虑：

（1）法律法规的要求和公司内部政策。如 OHSA 要求工厂至少每三年进行安全管理系统的审核。有的公司根据自身的实际情况及对安全的重视程度，可能有更加严格的要求，或许每年进行一次，甚至每年进行两次等。

（2）经过评估，审核频率根据工厂所面临的安全风险的大小来定。如果工厂工艺过程中涉及的危险化学品较多或数量较大、高温高压等比较严格的操作条件与环境较普遍，系统审核的频率就应该相对来说高一些；如果工厂周围的情况是存在比较多的居民、学校或医院，或可以成为增加审核频率的依据。

（3）工厂的发展史。对于一些新建的工厂或新并购的工厂，通常都是需要重新进行工艺安全管理系统的审核的，并需要适当增加审核的频率。原因是这些工厂，要么就是刚刚建立了工艺安全管理系统，要么就是延续了以前的工艺安全管理系统，他们都有可能与公司的工艺安全管理系统的要求存在比较大的差距。如果对这些工厂的审核，发现它们与 OHS 的工艺安全管理系统的规定或公司本身的工艺安全管理要求存在较大的差距时，就需要增加审核的频率了。

（4）工厂最近的安全状况。如果工厂在近期内发生的意外，或现场发现的未遂事故比较多，或呈现上升趋势，则需要第一时间组织并增加工艺安全管理系统审核的频率。

（5）相类似的工厂出现了安全事故。同行业的安全事故是最值得工厂去深思和借鉴的。如果了解到其他类似工厂出现了某种安全事故，工厂内部则需借鉴事故的教训，对工厂相关方面的工艺安全进行系统审核。这种审核通常只是针对某一个或几个工艺安全管理系统的要素。比如，同行业发生安全事故的为局限空间作业的，就可以考虑工厂是否对局限空间作业有严格的规定和要求？是否对局限空间作业有详细的操作说明与监管制度等。

工厂根据情况确定符合自身工艺安全管理系统的审核频率后，提前制定审核计划。不管是第三方审核机构的审核还是工厂自身所成立的审核小组的审核，都应该事先编制一份工艺安全管理符合性审核标准。根据 OSHA 工艺安全管理系统各个要素的特点，列出审核标准的内容，工厂可以根据实际情况，从中找出工艺安全管理系统需要改进的地方。如表 8－1 所示。

表 8－1 工艺安全信息审查表

要素	具体内容	备注
KE1 工艺安全信息	a. 是否建立了工艺安全信息资料管理制度 b. 是否编制了工艺安全信息清单、安全信息资料 c. 工艺安全信息是否及时更新，比如工艺系统发生变更时，是否及时更新原有的工艺安全信息资料 d. 在开展工艺危害分析之前，是否编制了必需的工艺安全信息 e. 工厂生产、使用和储存的化学品是否有安全技术说明书（MSDS），它们是否包含了必要的信息 f. 是否有与工艺技术相关的文件资料：完整的工艺流程图、物料平衡与能量平衡、工艺系统中涉及的主要化学反应的说明文件、说明化学品的最大储存量的资料，以及说明安全操作范围的资料 g. 是否有工艺设备相关的文件资料：竣工图是否包括设备的规格（可以与工艺危害分析报告和机械完整性的记录对比）、建造材质、工艺管道仪表流程图、爆炸和火灾危险区域划分图、泄压系统的书面设计资料、通风系统的设计资料、安全系统的说明文件 h. 工厂是否保存了设计所依据的规范和标准的清单	
KE2 工艺危害分析	a. 是否完成了工艺系统的工艺危害分析 b. 是否使用了规定的工艺危害分析方法（如果不使用规定的方法，需要说明） c. 工艺危害分析报告是否包含了必要的信息 d. 工艺危害分析提出的改进措施是否按计划完成 e. 是否每隔 5 年对以往的工艺危害分析结果进行了有效性确认（Revalid-aion）	
KE3 变更管理	a. 工厂是否建立了书面的变更管理程序 b. 变更管理程序是否要求评估变更对安全和健康的影响 c. 变更管理程序是否提出了变更的审查和批准要求 d. 变更管理程序是否规定了临时变更相关的要求 e. 受变更影响的操作人员、维修人员及承包商雇员是否接受了变更相关的培训或通知 f. 确认是否及时更新了受变更影响的文件和图纸	
KE4 投产前的安全检查	a. 在新设施建成投产前或现有设施变更（那些需要更新工艺安全信息的变更）投入运行前，是否完成过开车前安全检查 b. 投产前安全检查是否确认了设备等的施工安装符合设计要求、编制了安全操作程序、完成了工艺危害分析及其提出的改进措施 c. 在投产前，是否对相关员工进行了培训	

续表

要素	具体内容	备注
KE5 操作 程序	a. 工厂是否为工艺系统的操作编制了书面的操作程序并实际使用它们 b. 操作人员和维修人员是否容易获得操作程序 c. 是否定期检查确认操作程序，以确保它们反映当前的实际生产需要	
KE6 培训	a. 生产操作人员是否都接受了工艺系统和操作程序的培训 b. 是否每三年为操作人员提供再培训 c. 是否采取适当的方式确认操作人员掌握了培训的内容 d. 检查培训和再培训的书面记录	
KE7 机械 设备 完整 性	a. 工厂是否编制、落实了书面的程序，以确保工艺设备的机械完整性 b. 工厂是否编制了与工艺安全相关的关键工艺设备清单 c. 压力容器是否符合 API－510 和 NBIC 的要求 d. 储罐是否符合 API－653 的要求 e. 管道系统是否符合 API－570 的要求 f. 释放系统是否符合 API－RP－576 和 API－510 的要求 g. 是否向从事维修的员工提供了必要的培训（包含一般培训和专业培训），以帮助他们了解工艺系统存在的危害和掌握相关的维修程序 h. 是否编制了适当的检验和测试程序 i. 工艺设备的检验和测试频率是否符合设备制造商的指南和好的工程实践 j. 所完成的对工艺设备的检验和测试是否有适当的书面报告 k. 是否有不符合要求的工艺设备还在继续运行 l. 工厂是否有程序确保新建设备的制造符合工艺的要求 m. 工厂是否有程序确保维修材料、备品备件和备用设备等符合工艺的要求	
KE8 动火 作业 许可 证	a. 是否存在书面的动火作业许可证制度（或作业许可证制度） b. 是否明确定义了哪些作业属于动火作业 c. 是否明确说明了可燃蒸气的测试和监测的要求 d. 是否说明了填写和签发动火许可证的要求 e. 以往的动火作业许可证是否都是正确填写，并有相关负责人的签名 f. 如果审计时正好在工厂现场有动火作业，可以进行现场抽查以确认动火作业许可证是否正确填写和批准，现场是否满足动火作业的基本要求	
KE9 承包 商	a. 是否建立了选择承包商的安全要求或标准 b. 是否书面告知了承包商作业所在工艺区域存在的潜在危害 c. 是否向承包商说明应急反应的要求和行动计划 d. 是否对承包商员工进、出工艺区域及在其中停留进行适当的管理 e. 是否定期对承包商的安全绩效进行评估，确保承包商符合工厂规定的安全要求 f. 是否保存了承包商员工的伤害和职业病记录 g. 是否要求承包商报告不安全的状况	

续表

要素	具体内容	备注
KE10 应急预案与应急反应	a. 工厂是否编制了应急预案 b. 员工是否都接受过基本的应急反应培训 c. 是否定期开展应急反应演练 d. 应急反应小组的成员是否接受过培训 e. 确认工厂各个地方是否都能听见报警 f. 紧急集合点距离工艺装置是否有足够的距离 g. 查看工厂现场是否布置了适当的风向标 h. 工厂是否有应急指挥中心（检查是否有必要的设备）	
KE11 事故调查	a. 是否建立了事故报告系统 b. 是否对事故和严重的未遂事故进行了调查 c. 是否及时开展事故调查 d. 事故调查报告是否包含必要的信息 e. 是否建立了相应的制度来落实事故调查提出的改进措施（检查改进措施完成时的书面记录） f. 与事故有关的人员是否审阅了事故报告 g. 是否适当保存了所有的事故报告（至少应该保留 5 年）	
KE12 商业机密	a. 企业是否向员工提供完成工艺安全相关工作所需要的信息或资料 b. 企业是否向外部审计人员提供完成工艺安全符合性审计所需要的信息或资料	
KE13 员工参与	a. 工厂是否有书面的“员工参与计划” b. “员工参与计划”是否清楚地说明员工如何参与工艺安全管理各个要素的工作 c. 员工或员工代表是否参与工艺危害分析 d. 与员工面谈，确认“员工参与计划”的落实情况	
KE14 符合性审核	a. 检查工厂是否有书面的符合性审核程序 b. 是否每隔 3 年进行一次符合性审计 c. 查阅符合性审核报告 d. 以往审计提出的改进措施是否已经落实 e. 工厂是否妥善保存了最近两次的审计报告	

资料来源：粟镇宇，《工艺安全管理与事故预防》，P142

审核小组成员根据审核的形式与内容选定适合的人员与规模，所选择的人员必须是熟悉体系的要求，以及对现场工艺安全管理系统有一定基础的人。根据事先制定的审核计划，有组织地进行工艺安全管理系统的审核。在整个审核过程中，除了按条款和审核内容进行审核外，审核小组成员必须尊重与执行现场的工艺安全管理系统的要求，做到认真与细致，对于任何一个不符合规定与要求的内容做好详细的记录。在审核结束后出具审核报告，并在后续比较长的一段时间内持续跟踪问题的改进措施与效果，使工艺安全风险得到控制或消除，直到问题得到闭环的处理。

3. 现场安全监管的方式

现场安全监管最直接的方式是目视化管理。一个工厂那么大，每天生产的、施工队的、物流的、仓储的、管理人员等不停地在转，怎样才能第一时间识别人的工作岗位、类型、工作内容和活动范围？用安全帽的颜色来进行区分。如表 8－2 所示。

表 8－2　安全帽分类示意表

人员	安全帽颜色
工厂负责人、车间主任、仓库主任、安全管理人员	红色
生产员工、仓管、叉车工、搬运工	白色
承包商管理层、普通施工人员	黄色
架子工、电工、起重操作员、起重工、起重信号员	蓝色
施工现场急救人员帽子上有红十字标志	

在工厂内部，每个岗位的工作内容、工作性质，以及工作所活动的范围/区域，都有一个比较清晰的界定。当该区域出现不同区域的人员时，现场的管理人员或操作人员会第一时间把“外人”识别出来，并对其活动内容进行询问、观察或监督，必要时对“外人”的“必要行动”进行安全观察和现场“风险点”的培训与解说。针对现场的不同

岗位/操作的人员，根据安全帽的颜色能第一时间识别出该人员的工作内容和注意事项。当现场其他人员观察到该人员的操作后，可以判断该人员的工作是否符合现场的安全规定、工作中是否注意到了现场的安全风险点、是否正确采取相对应的安全防护措施。甚至在出现问题时，能第一时间识别出该人员所属于的区域及其负责人，及时找出相对应的对接人员和制定现场的整改措施。

为了使现场的一些安全管理更直接且更能第一时间被员工识别，对于一些误操作等风险点较高的设备操作，还可以使用“上锁挂牌”的形式进行管理。如图 8－2 所示。

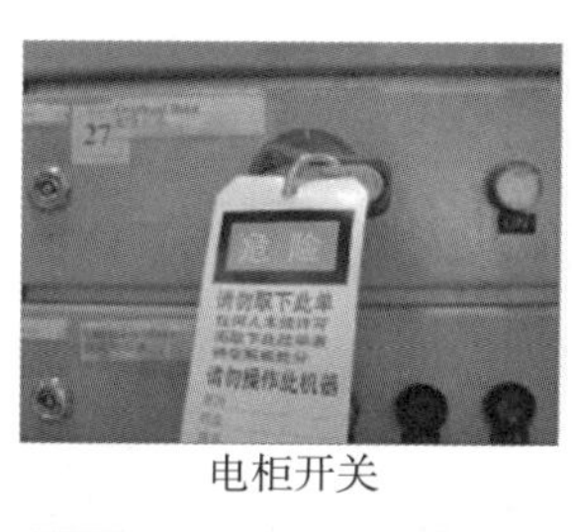

电柜开关

设备开关

水源阀门

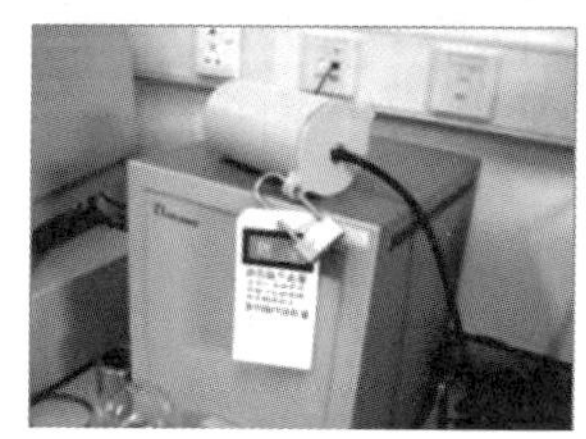

插头锁

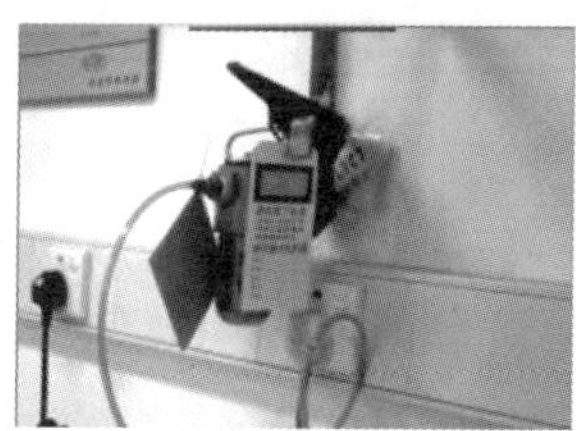

气源阀门

插头锁

图 8－2　上锁挂牌示例图

它能防止危险能量和物料的意外释放；隔离系统或某一设备，保证工作的人员免于安全和健康方面的危险；能强化能量和物料做隔离管理。上锁挂牌有五个步骤：

一是辨识。上锁挂牌前，辨识所有危险能量和物料的来源。

二是隔离。对辨识出的危险能量明确隔离点和类型。

三是上锁挂牌。根据隔离清单选择合适的锁具和标签。

四是确认。清除现场所有危险物品、危险能源已被隔离。

五是验证。确认危险能量或物料被隔离并做好了相对应的沟通工作。

挂牌锁定记录如表 8 –3 所示。

表 8 –3　挂牌锁定记录表

工作名称：				许可证编号：		
序号	锁定设备位号	锁定原因	锁定人	锁定时间	解锁人	解锁时间
1						
2						
3						
4						
5						
6						
7						
8						

对于有解锁需求的，也要走正常的解锁流程。解锁又分正常解锁和非正常拆锁。正常解锁是在确认所有工作完成后，由上锁者本人进行的

解锁，他人不得替代。非正常拆锁是指上锁者本人不在场或没有解锁钥匙时，且其危险禁止操作标签或安全锁需要移去时的解锁。拆锁应满足以下两个条件之一：

第一，联系到锁的所有人并取得其核准。

第二，区域及作业部门主管双方确认下述内容后方可拆锁，包含：

a. 确知上锁的理由；

b. 确知目前工作状况；

c. 检查过相关设备；

d. 确知解除该锁及标签是安全的；

e. 在该员工回到岗位后，告知其本人。

对于安全监管，讲究的不仅仅是单一的监督和管理，而是二者合一。因此，现场的很多安全问题，不应该仅仅是由管理人员在巡查现场时所发现的，应该是现场的所有人共同去发现、监督、管理和整改的。**安全行为观察**成了最直接、最有效的方式。它通过对作业单位整体或员工个体行为安全的观察，并对照安全规程、作业规程、操作规程做出提醒、停止、整改的修改措施，从而得出行为观察的记录资料，作为风险评价、制度调整、流程再造的依据。

在日常生产中，有些行为因为细小而被忽略，有些现象因为常见而不被重视，往往就是这些不起眼的小节、小事，却足以导致致命的伤害。每位工厂内部的人员所处的岗位和所负责的工段不一样，他们所关注的细节与问题点也会不一样。安全行为观察在每一个员工身上发挥它的作用，员工用日常的工作去观察各自所关注的不安全的行为与问题，可以把安全的关注面铺得更开、更宽广，更贴合现场的操作去发现问题并及时提出整改措施。因此，安全行为观察成为越来越多工厂所使用的安全监管的手段，甚至成为工厂员工的安全绩效指标，硬性规定所观察的数量去推动员工参与和关注安全的力度，更多地发现与解除安全风险。安全问题被发现后，由区域负责人统一制定整改措施并责任到人，实行定期回顾与跟踪的形式，直至问题得到根源性解决。如表 8 - 4 所示。

表8-4 安全行为观察统计表

安全行为观察统计表								
观察时间	观察人	所属部门	被观察区域	事件简述	整改跟踪	整改部门	完成情况	观察类型
2018.4.1	小王	A工区	厂区	早上8：05发现老厂内有人用手机打电话，存在安全隐患	为了大家安全，请自觉遵守公司规定	所有人	已完成	个人行为安全类
2018.4.1	小叶	A工区	厂区	叉车司机叉料时叠放两层，上层没有缠膜，上下坡时存在安全隐患	建议缠膜，杜绝隐患	仓库	已完成	个人行为安全类
2018.4.1	小曾	A工区	车间一楼	危险化学品余料A，随着气温升高，有膨胀现象，胶桶已鼓起，存在安全隐患	打开盖子减压，建议各班组及时巡检	A工区	已完成	工艺安全类
2018.4.2	小徐	A工区	车间二楼	新做的排水槽过于锋利，很容易划伤手，很不安全	请机修进行打磨，以后新做的一定要先进行打磨再使用	机修	已完成	设备设施类
2018.4.2	小刘	A工区	包装间	水池漏水，洗手后地面有水流出，污染地面，滋生细菌，影响产品质量	建议及时维修	A工区	已完成	环境类

现场安全监管，通过“现场”的实时安全监管，更有效地对一些不安全的行为进行实时的监督与管理。比如，观察员工的生产操作是否按操作规程的标准程序进行操作；现场的一些维修作业是否按维修流程进行“特殊作业”审批，整个维修过程是否有违反安全操作规定，是否存在安全风险；设备的开停是否按参数要求进行设定，并且操作是否

符合设备所要求的最高、最低参数要求；生产现场是否对区域内的施工进行了有效的隔离与围蔽，是否符合施工的条件要求；现场监工的人员是否尽了责任，对现场的施工行为进行有效的监管，并在出现施工安全问题时，是否第一时间提出停工整顿通知，并出具相应的整改措施与跟踪整改效果等，通过人为操作对现场进行安全监管。

4. 安全作业许可管理及流程审核

每个工厂在建厂投产前，都需要办理《安全生产许可证》，即取得政府所批准的生产许可后，工厂才能投产并按法律、法规的要求进行安全生产，开展落实社会责任。同样，工厂在执行安全生产时，也要根据自身的特点制定完善的工艺安全管理系统。其中，最主要的是对最危险的作业进行安全管控。对于工厂来说，安全许可作业应该是企业作为特殊管控的部分。一般情况下，工厂的安全作业需要进行特殊的安全审批的有：动火作业、动土作业、高处作业、局限空间作业、吊装作业及临时用电作业，工厂根据自身的生产作业性质还可能存在其他安全作业需要而要做出特别的规定与审核。如表 8 –5 所示。

表 8 –5　特殊作业安全审批内容一览表

作业类别	定义	审批内容	审批人
动火作业	在禁火区内进行焊接、切割，以及在易燃易爆场所使用喷灯、电钻、砂轮等进行可能产生火焰、火花和赤热表面的临时作业	(1) 作业人员工作服、安全帽、安全眼镜（焊工面罩）、安全鞋穿戴整齐 (2) 灭火器、消防器材放置于工作区域旁 (3) 动火作业过程中配备专职的监火人员 (4) 动火用设备处于良好状态（电线、乙炔气管无破损，电线接地良好等） (5) 高处作业有采取防火花飞溅的措施 (6) 清除用火点周围 10 米内易燃物，或用防火材料对易燃物进行有效隔离	当班班长、申请动火单位负责人、安全部门人员、特殊动火领导

续表

作业类别	定义	审批内容	审批人
		(7) 电焊回路线应接在焊件上，把线不得穿过下水井或与其他设备搭接 (8) 乙炔瓶（禁止卧放）、氧气瓶与火源间距不小于 10 米，相互间距不小于 5 米 (9) 管线、设备已进行彻底清洗置换，相连设备管线已盲死、隔离或拆除 (10) 已按照《设备交出任务单》的内容完成相应工作 (11) 工作场所有可燃气体检测结果符合要求 (12) 需断电的被动火设备电源已断开并挂牌标示 (13) 动火作业区域的易燃易爆物质（原料、气体）施工人员是否已经知晓 (14) 作业区域危险源识别 (15) 其他措施	
动土作业	挖土、打桩、地锚入土深度在 0.5 米以上，地面堆放负重在每平方米 5000 公斤以上，以及用推土机、压路机等施工机械进行填土或平整场地的作业	(1) 电力电缆已确认，保护措施已落实 (2) 电信电缆已确认，保护措施已落实 (3) 地下供排水管线、工艺管道已确认，保护措施已落实 (4) 已按施工方案图画线施工 (5) 作业现场围栏、警戒线、警告牌、夜间警示灯已按要求设置 (6) 已进行放坡处理和固壁支撑 (7) 道路施工作业已报：交通、消防、调度、安全部门 (8) 人员进出口和撤离保护措施已落实：A. 梯子；B. 修坡道 (9) 备有可燃气体检测仪、有毒介质检测仪 (10) 作业现场夜间有充足照明：A. 防爆灯；B. 普通灯 (11) 作业人员必须佩戴防护器具 (12) 作业危险源	申请部门主管、安全部门负责人

续表

作业类别	定义	审批内容	审批人
高处作业	凡坠落高度基准面2米及以上，有可能坠落的在高处进行的作业	（1）作业人员身体条件符合要求 （2）作业环境符合要求，遇5级以上大风禁止室外作业； （3）作业人员着装符合工作要求 （4）作业人员佩戴安全带，高挂低用 （5）作业人员携带有工具袋，防止使用工具掉落 （6）作业人员佩戴：A. 过滤式呼吸器；B. 空气式呼吸器 （7）现场搭设的脚手架、防护围栏符合安全规程 （8）垂直分层作业中间有隔离设施 （9）梯子或绳梯符合安全规程规定 （10）在石棉瓦等不承重物上作业搭设并站在固定承重板上 （11）高处作业有充足照明，安装临时灯、防爆灯 （12）30米以上进行高处作业配备通信、联络工具 （13）作业危险源	申请部门主管、安全监管人
局限空间作业	各类塔、球、釜、槽、罐、炉膛、锅筒，以及地下室、阴井、地坑、下水道，或其他封闭或半封闭的场所	（1）设备上所有与外界连通的管道孔洞均采取了有效隔绝措施 （2）设备电源进行了有效切断，电工签名确认 （3）设备清洗置换合格，不得用氮气进行置换，不能清洗需特殊防护措施 （4）氧含量（19%～22%）、有毒气体、可燃气体浓度符合要求 （5）作业安全监护人安排到位 （6）设备进行了有效通风，必要时采取机械强制通风 （7）作业人员防护进行了有效防护，如戴隔离式防毒面具等 （8）设备内照明电压小于36伏，潮湿狭小容器作业小于12伏 （9）超过安全电压手持电动工具配备漏电保护器，作业器具符合要求 （10）应备有紧急情况下作业人员的逃生措施 （11）在设备内动火应按要求办理动火作业许可证 （12）作业区域危险源识别	申请部门主管、安全监管人

续表

作业类别	定义	审批内容	审批人
吊装作业	吊车或者起升机对设备的安装、就位的统称，在检修或维修过程中利用各种吊装机具将设备、工件、器具、材料等吊起，使其位置发生变化	(1) 吊装人员是否有劳动部门颁发的《起重机械安全准用证》 (2) 起重指挥人员、司索人员、起重机械操作人员是否有《特种作业人员操作证》 (3) 作业人员携带有工具袋，防止使用工具掉落 (4) 吊装区域是否有警戒绳围起 (5) 起重作业时重臂、吊钩、吊物下是否有人 (6) 是否起吊超重物、不明重量物品、埋置物 (7) 吊索、吊具的选择是否正确 (8) 是否利用支腿承重 (9) 是否利用设备或管线作为起重锚点 (10) 与高压输电线路是否有足够的安全距离 (11) 整个吊装作业过程中有统一的指挥调配人员和特指的监护人员 (12) 五级大风及雷雨天气不允许进行吊装作业 (13) 作业危险源	申请部门主管、安全监管人
临时用电	临时电力线路、安装的各种电气、配电箱提供的机械设备动力源和照明，必须执行 JGJ46－2005《施工现场临时用电安全技术规范》	(1) 安装临时线路的人员有电工证 (2) 线路电压等级符合要求，绝缘测试合格，并采用五线制 (3) 线路架空高度符合要求 (4) 线路架设位置、支撑符合要求 (5) 配电盘、柜有防雨措施并编号，门能可靠关闭 (6) 电气设备安装漏电保护器 (7) 行灯电压符合要求、电气元件符合要求 (8) 用电设备、线路容量、负荷满足要求 (9) 其他措施	申请人、送电人

一般情况下，安全许可作业审批流程如图 8－3 所示。

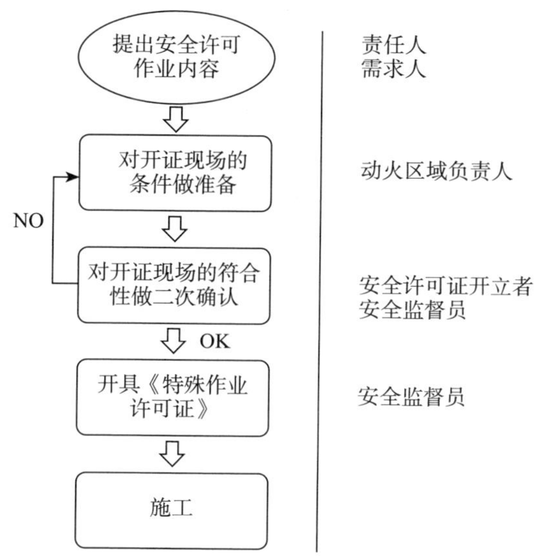

图 8－3　安全许可作业审批流程图

第九章

Chapter 9

变更管理

1. 变更管理的要素与范围

为了满足市场需要，提高生产效率、改善操作条件、增加安全性能或达到其他目的，工厂需要不断改变工艺技术或设施。这些改变给工厂带来好处的同时，也可能引发新的危害。即便是一些不起眼的改变，如果得不到重视和合理的管控，也有可能导致灾难性的工艺安全事故。因此，工厂需要建立和执行完善的变更管理制度，它包括相关的政策和程序。完善的变更管理制度一般都包含以下几个部分的内容：

（1）变更识别。工厂应该有书面的文件对“变更”进行清晰的定义，以便识别工厂里面的哪些操作或“改变”属于“变更”。不同的公司确定的“变更”方法不尽相同，有些公司以程序文件的形式对“变更”进行详细的定义；有些公司则把属于“变更”的“改变”列成清单供员工参考，属于清单里面的，都必须按“变更”流程进行操作，同时还会对变更进行“危险高、低等级”的划分，不同等级的“变更”约定不同的审批要求。如表 9－1 所示。

表9-1　变更管理适用范围表

变更类型	内　　容	备注
工艺化学品和产品变更	a. 任何生产过程中使用新的化学品或添加剂 b. 处理流程中停止使用某种添加剂类的原料 c. 改变压缩机或泵机润滑油等级数 d. 改变化学品规格 e. 增加或取消某些化学品、库存改变，或者增加/减少/取消容器 f. 每一种产品的过程控制操作参数的变化 g. 改变添加/注入点的位置 h. 用不同类型的化学品代替 i. 稀释工艺添加剂 J. 每一种产品的规格和性能指标发生变化	
工艺/设备技术变更	a. 新的或者改进的催化剂或添加剂 b. 更新处理流程控制硬件 c. 对现有的设施实施新的创新工作方式 d. 以不同的方式运行处理流程而产生新的产品 e. 更新有毒物质或者碳氢化合物的监测系统 f. 在线分析方法变更 g. 设备用途的变更	
设备/管路变更	a. 新增永久的或临时的设备或管路 b. 拆除工作设备 c. 用不同的设备更换或者修改设备（改变换热器的设计与大小、泵叶轮的大小、设备的尺寸等） d. 对流程和设备的变更可能要改变泄压排放的要求（增加流程产出、增加工作温度或压力、增加设备尺寸、改变管路或者设备的隔热性能等） e. 改变安全操作或者设计限制，但不能在安全操作限制的范围以外运行 f. 对结构件的修改，降低设计负载能力或者防火能力 g. 在处理区域对建筑物通风系统的变更 h. 改变密封圈、密封与垫层材料等 I. 在设备周围安装旁通连接或特殊工作用的临时连接 j. 临时修复工作用的管箍，必须跟踪所用管箍的位置，以便在可行的时候进行拆除	

续表

变更类型	内　　容	备注
DCS/SIS 与仪表变更	a. 控制系统的软件/硬件，以及网络结构变更 b. 联锁逻辑结构修改和控制策略/逻辑/算法修改，以及输入输出元素和信号变更 c. 修改联锁设定值、报警设定值、仪表量程 d. 停用或者旁路控制回路、关键报警点、仪表量程 e. 对任何 SIS 仪表信号进行强制；超过可容忍上限的风险被视为不可接受 f. 对 F&G 设备进行抑制和隔离操作 g. 新增或者取消任何现场仪表设备 h. 修改仪表类型和规格 i. 在线分析仪系统、采样系统的变更 j. 改变传感器的安装位置 k. 阀门故障状态安全位置变更（比如风开/关） l. 修改仪表回路组成或结构	
操作流程（非常规操作）变更	任何处理流程中控制、监控或者安全防护程序，包括开车程序、停车程序、正常操作程序、临时程序及紧急情况操作程序等	
安全操作参数限制（不得超操作范围）变更，适用于对原材料、产品物流或操作条件（流量、温度、压力及成分）等的既定安全限制进行变更	a. 改变生产率或者装置投料能力 b. 改变原材料或者原料混合比 c. 改变产品或者开发新产品 d. 任何对工作条件的改变，包括压力、温度及流率等 e. 改变现有安全操作上限或下限 f. 设置新的安全操作极限	
泄压/安全系统变更	a. 为现有泄压阀提供泄压途径的联锁阀门，改变泄压阀的类型、大小、容量、设定压力，或者入口/出口管路，任何对泄压系统设计，或者泄压系统控制的改变 b. 影响安全/停车系统作用的变更 c. 影响安全系统能力，或者设计依据的变更 d. 新增或拆除安全系统或停车系统 e. 旁通或信用泄压系统、安全系统、停车系统的变更 f. 更换/改变系统元件 g. 泄压阀出口从闭合系统改为直接排到大气，或者从直接排到大气改为排到闭合系统 h. 对碳氢化合物、有毒材料、火灾监测或系统的变更等	

续表

变更类型	内　　容	备注
建筑物占用变更	a. 新增或减少对建筑物的占用范围 b. 修改占用建筑物的结构 c. 在现有生产流程的一定范围内建设新占用建筑物 d. 在现有占有建筑物的一定范围内建设新生产流程	
管理或法规变更	a. 对所公布的气态、液态，或者固态排放物标准的改变 b. 工厂布局改变 c. 消防设施或消防通道的改变 d. 政府或公司规章的改变	

资料来源：刘强，《化工过程安全管理实施指南》，P208

（2）管理变更的方法。变更的重要程度是每个公司都高度重视的一个安全管理要素，公司的变更管理程序都需要明确规定完成变更的工作流程，包括如何提起变更，应该怎样去评价/审核变更方案、如何批准/否定变更、如何能更有效地跟踪变更，以及相关人员在变更上的职责等。总之，就要使整个工厂乃至全公司上下的所有变更都能得到有效的管理/管控与跟踪，企业往往会把变更做成表格的形式，让变更的人员更愿意去走变更，以及利用台账的形式对变更进行定期回顾与跟踪，以确保变更得到有效的控制与管理。

（3）培训要求。要想制度得到更好的落实，宣传与培训是必不可少的。因此，企业所制定的变更管理程序及制度，应该定期组织相应的培训，把变更的重要性，以及变更的流程、程序向各需求部门进行宣传与解说，让员工亲身实践/操作变更的流程，感受变更执行到位的“安全感”，自觉对变更发起流程申请、审批与跟踪。

（4）审核。程序/制度的制定及其有效性，都是有时间性和适应性的。每一个程序/制度都会因其所制定时的环境，以及公司策略等的不同而不同。因此，通过不断的审核/审计，能有助于变更管理制度的落实和持续改进。通过审核/审计，可以了解工厂完成的变更项目是否遵守了相关的审查和批准规定、是否保留了完整的书面文件、在哪些方面需要进一步改进、什么时候应该适应企业的发展与变化，更新相对应的变更管理程序等。

2. 变更管理的流程

工厂在执行变更管理工作时，工厂管理层需要有足够的资源支持变更开展相对应的工作，进一步落实变更管理制度。在整个变更管理的过程中，从变更的提起到设计、审查及批准，再到施工与后续的培训、投产前的检查、变更的正常运行、相关的工艺安全信息的保存等。除了员工对变更有流程意识与熟悉外，很重要的一个方面是有相关知识和经验的人对变更的内容进行审查，其中就包括能采用适当的危害分析方法对变更的工艺部分进行危害分析。因此，参与变更审核的都会有技术、生产、安全和维修部门的人员，以确保变更能得到更好的落实。从整个变更管理的流程来看，它一般都遵循以下程序：

（1）提出变更设想。工厂的运营过程中，为了达到效率与效益，不管是工人还是管理人员，都会随时对现场的工艺系统产生某项变更的想法或要求，以优化整个生产过程及提升现场的安全等级。在变更管理中，所有的变更都应该是有记录并且是可以追溯的，因此，无论是谁的想法，只要是涉及变更的，都应该按正式的程序对变更提起申请，具体、清楚地说明变更的范围，必要时提供详细的图纸/草纸说明，尽量说明所建议的变更对工艺安全的影响，这样有利于审核小组对变更的安全审核。

（2）形成系统的设计。员工或管理人员提供现场的变更想法后，接下来就是要把它转化成具体的设计：可以采用文字详细说明的方式或画出设计的草图。如果是改变管道仪表流程图等，可以在现有的图纸上用颜色笔把变更的地方圈出来，再加文字详细说明即可。总之，就是要把所变更的内容表述得能让人容易理解且清晰。

（3）审查及批准。所有的变更都需要有人去复核和审查，这是整个变更管理程序中最重要的一个环节。它主要的目的是靠审查来进一步确认所变更的内容是否会带来一些新的危害？变更的内容是否可行？是否更具有经济性？等等。工厂可以根据变更的风险等级或变更的范围大小，来确定其所审查和批准的要求。对于复杂的变更，审查过程中最重要的一项内容是对它进行工艺危害分析。做这个危害分析，一般是以成立小组的形式进行。它利用一些安全分析工具，把变更可能带来的危害评估出来，从而决定是否批准变更；或在批准这个变更前，所变更的工艺系统需要采取哪些改进措施或方法，把风险控制在可能接受的水平。

（4）施工安装。变更批准后，接下来就是对变更进行相对应的施工安装工作了。在整个施工现场，它应该遵循哪些安全操作规定？是否需要有现场人员监督？是否有危险作业？是否需要开具《安全作业许可证》？等等。都按一般项目的要求进行，绝不能出现：变更的安全风险评估通过了，在变更还未实施前，就出现了施工安全事故。

（5）培训与告知。既然是变更，那就肯定是某个地方或操作会发生变化，如果这些变化得不到及时的告知或操作变更的培训，就等于没变更。所操作的人还是会按照以前的方式来进行相对应的操作，这样还是会导致安全风险的存在或升级为安全事故。因此，在整个变更系统投入运行前，需要培训或告知现场操作人员、维修人员、应急反应小组、现场承包商、安全部门人员等变更对他们的工作带来哪些影响？这个培训与告知不能单流行于形式上的，还要真正落实到培训效果上。那就是整个培训过程需要现场人员亲自去现场感受或操作，并且有实操记录及具备了过关的操作技术的。

（6）投产前检查。在变更后，正式投产前，需要对变更的施工现场做一个确认审查：确认变更的项目已经完成了安装、施工安装和设备的规格等与先前提供的/经批准备的文件和图纸相一致，并且是否已准备了相对应的安全、操作、维修、应急等相关的程序文件。工厂可以把这些投产前的变更检查设计成检查表，让项目成员在投产前对着检查表一条条地核对，确保没有被遗漏。当所有的条目都被审核确认完毕后，才能投料生产。

（7）系统正常运行。完成上一步的变更后的投产前检查后，变更后的系统就可以正常投入运行了。此时，再随时并定期跟踪此变更后的系统投入使用的状态，以及与整个生产车间的生产系统的整合。

（8）更新并保存相关的图纸和文件。工艺安全信息里面，很重要的一部分就是对现场图纸和文件的保存与更新。同样的，面对已变更的系统，也是需要及时对相对应的图纸和文件进行更新。通常情况下，可能需要更新的文件有工厂平面布置图、设备布置图、管道仪表流程图、操作程序、维修程序、应急预案和培训资料等。除此之外，工厂还需要把变更所提起的表格、变更过程中的一些图纸、投产前的检查记录、培训记录或对变更后系统的运行评估等。按照体系（OSHA PSM）的要求，工厂每隔 5 年就需要重新确认以往所完成的工艺危害分析的有效性，其中一项重要的工作就是审阅过去 5 年中所发生的所有变更，因此这些变更资料尤为重要，要作为工艺安全信息进行妥善地保管与定期维护。

（9）变更完成后的通知。上面的培训与告知，其实是做了一部分“通知”工作。但整个变更所涉及的人或部门比较多，不一定都是现场操作的人员。因此，对于变更完成后的通知，可以有效地把变更的完成进度，以及变更后的跟踪工作落实得更加到位。工厂可以事先设定一个表格，把整个变更所涉及的步骤列一份清单，每一个步骤完成后该步骤负责人在上面签字，到最后一个步骤签字完毕了，代表该变更已顺利完成，最后把所签字确认的表格以邮件的形式发出给相关负责人，即确认该变更完成并顺利结案。如图 9 – 1 所示。

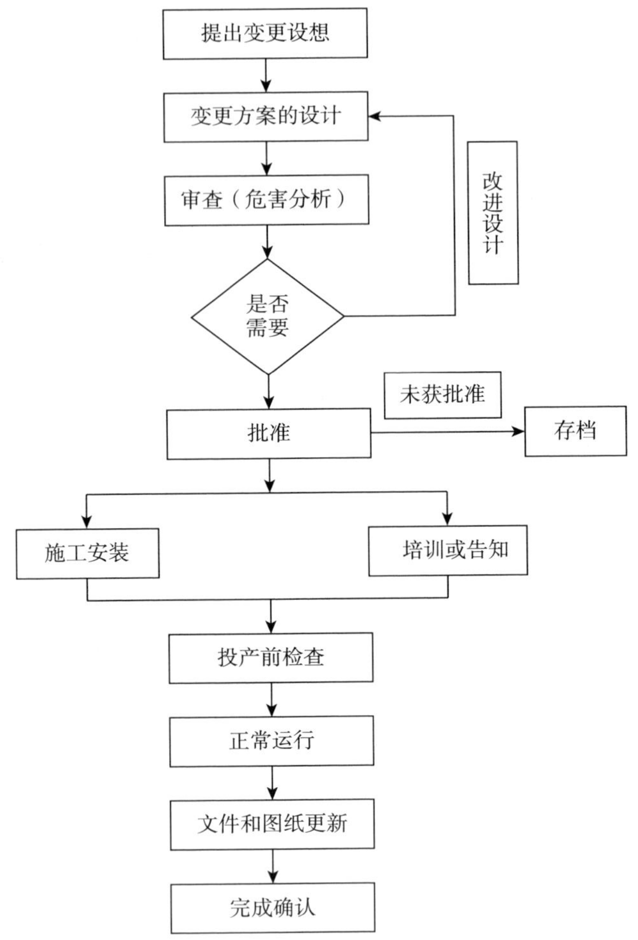

图 9－1　执行变更的基本步骤

资料来源：粟镇宇，《工艺安全管理与事故预防》，P45

3. 变更管理的工具

变更的重要性不言而喻，但是变更要在一个工厂里面得到很好的落实，以及每个员工都有变更管理的意识，既是一个对员工自身素质的考验，也是一个对管理层管理手段的考验试题。因此，工厂所采取的变更管理工具，既要能体现工厂对变更管理的严格态度，也要简化到员工愿意去执行，即不失主体的情况下，手续也不能过于烦琐。一般情况下，工厂都有属于自己特色的《变更管理程序》。程序明确规定了在实施变更过程中，所涉及的各个部门的人的职责与权限、变更的分类以及相对应的变更表格，以及整个变更的流程。为了使变更的操作更有针对性，工厂一般都会对变更进行分类，进而有针对性地对不同类别的变更设计不同的变更表，以便员工发起变更和遵循变更管理流程来操作。如表9－2所示。

表9－2　不同变更类别所对应的变更管理表格

变更类型	主导部门	对应的变更表格
a. 原材料供应商的变更 b. 原材料采购主材料的变更（含包装物） c. 原材料采购辅料或助剂类的变更	采购部 生产技术部	《原材料变更申请表（供应商、主料、辅料、包材）》
a. 生产用主材料的变更（含包装物及规格） b. 生产用辅料或助剂类的变更	研发部	《主料、辅料变更申请表》
产品包装材料的变更（此变更同步知悉至客户）	业务部	《包装材料变更申请表》
a. 新建、改建、扩建项目引起的技术变更 b. 原料介质变更 c. 工艺流程及操作条件的重大变更 d. 工艺设备管理变更 e. 操作规程的变更 f. 工艺参数的变更 g. 公用工程的水、电、气、风的变更等	生产技术部	《生产工艺变更评审表》
a. 设备设施的更新改造 b. 安全设施的更新改造 c. 安全设施的变更 d. 安全附件的变更 e. 安全健康防护设施的变更 f. 消防设施的变更 g. 电气方面的安全保护设施 h. 监视和测量设施的变更 i. 更换与原设备不同的设备或配件 j. 设备材料代用变更 k. 临时的电气设备等	生产技术部 安全管理部	《设备设施变更评审表》

续表

变更类型	主导部门	对应的变更表格
a. 工厂布局的变更 b. 生产产地发生转移 c. 临时用地的规划发生变更 d. 场地的用途发生变化等	工程部 生产部	《场地变更申请表》
产成品的某个指标/标准发生变更	研发部 标准委员会	《产品标准申请变更表》
a. 原材料的检测方法发生变更 b. 原材料的指标/标准发生变更 c. 产成品的检测方法发生变更 d. 产成品的指标/标准发生变更	品质部 标准委员会	《方法标准申请变更表》
整个变更完成后的通知单	变更主导部门	《变更通知单》

在表格的设计上，除了要做好分类，按不同的类别设置不同的变更管理条目外，还需要简化整个变更的审查与批准的手续，所有的变更的审查和批准（或否决）都应该在合理的时间内完成，否则实际执行过程中就会大打折扣。

在实施变更管理的过程中，有很多因素的出现会导致变更管理工作的失败，以两个方面尤为突出：

一是管理层的支持。变更管理制度要得到很好的落实，关键的一点是如何让员工乐意并主动去遵守相关的程序。多数情况下员工不参与一项制度或管理，都是因为员工对这些制度或管理缺乏理解。此时，管理层的积极支持或身体力行的行动，就足可以凸现其重要性，足可以感染更多的员工投入进去并使制度等得到落实。除此之外，想变更管理制度得到全员的参与与关注，领导层需要更多地认可员工开展的变更管理工作，及时批复相关的变更项目，避免把变更“拖死”的同时，也把员工的积极性“搭进去”。

二是工厂所设置的变更管理制度应该简单易行。变更的提出、审查、批准和执行等的过程都不能太复杂，花在书面上的时间也不能太多。否则，员工就认为提起变更就等于“写论文”那么难，积极性就不高，甚至员工会避开它，宁可视而不见，从而增加实际的执行难度。如表 9－3 所示。

表 9－3　生产工艺变更评审表

□更改　□新增加

<table>
<tr><td>变更工艺</td><td></td><td>原来工艺条件</td><td></td><td>变更后工艺条件</td><td></td></tr>
<tr><td>申请部门</td><td></td><td>申请人</td><td></td><td>申请日期</td><td></td></tr>
<tr><td>变更目的/内容/实施方案/预期效果描述（可附页说明）</td><td colspan="5"></td></tr>
<tr><td colspan="6">部门初审意见：

部门负责人/日期：</td></tr>
<tr><td>验证结论（技术部小试结论）</td><td colspan="5">（附录验证结果）技术部/日期：</td></tr>
<tr><td>研发部评审</td><td colspan="5">签名/日期：</td></tr>
<tr><td>计划物流部评审</td><td colspan="5">使用此工艺生产的产品（备注主要客户）：

紧急影响的订单：

签名/日期：</td></tr>
</table>

续表

<table>
<tr><td>生产部评审</td><td colspan="3">
签名/日期：</td></tr>
<tr><td>SHE 评审</td><td>□环境、安全有影响
处理方式：</td><td>□环境、安全无影响</td><td>签名/日期：</td></tr>
<tr><td rowspan="2">事业部评审</td><td colspan="3">外贸客户确认意见：
签名/日期：</td></tr>
<tr><td colspan="3">内贸客户确认意见：
签名/日期：</td></tr>
<tr><td>质保部评审</td><td>□可变更
变更生效日期：
后续的跟进方案：</td><td colspan="2">□不可变更原因：</td></tr>
<tr><td colspan="4">最终批示：

供应链负责人/日期：</td></tr>
</table>

注：若需进行有效性鉴定，应按《有效性鉴定程序》执行。此表最终要交技术部汇总统计。

第十章

Chapter 10

应急管理

1. 应急管理的原则

应急管理是对事故的全过程管理，贯穿于事故发生前、中、后的各个阶段，充分体现了“预防为主，常备不懈”的应急思想。应急管理是一个动态过程，包括预防、准备、响应和恢复四个阶段。

事故预防有两层含义：

一是事故预防工作，即通过安全管理和安全技术等手段，尽可能地防止事故的发生，实现本质安全。

二是假定事故必然会发生，研究一些可避免的措施并开始实施，来达到降低或减缓事故影响和后果的严重程度。如在一些溶剂使用较多的车间或安全等级需求高的车间，盘查所有的设备并确认是否对溶剂的泄漏造成一些不可承受的风险；如安全系数要求较高，把所有的生产设备换成“防爆型”的，以降低爆炸的风险。从企业的长远经营来看，低成本、高效率的预防措施是减少事故损失或影响的关键点。

应急准备是应急管理过程的一个关键过程，它是针对可能发生的事故，为了迅速有效地展开应急行动而预先做的各种准备。包括应急体系的建立、有关部门和人员职责的落实、预案的编制、应急队伍的建设、应急设备、设施、物质的准备和维护、预案演练与外部应急力量的衔接等，它的目标是保持重大事故应急需要的应急能力。

应急响应，是指在事故发生后可以立即采取的应急与救援行动，包括事故的报警与通报、人员紧急疏散、急救、应急决策和外部救援等。它的目的是尽可能抢救受害人员，保护可能受威胁的人员，尽可能控制并避免事故后果的扩大。而一次应急响应还可以划分为两个阶段，即初级响应和扩大响应。

应急恢复工作应该在事故发生后立即开展。首先是把事故所影响的区域尽快恢复到相对安全的状态，然后逐步恢复到正常。其中，恢复工作包括事故损失评估、原因调查、清理废墟等，在短期恢复中注意避免出现新的紧急情况。在长期的恢复工作中，应吸取当次事故和应急救援的经验教训，指导下一步预防工作和减灾行动。

总之，应急管理应该从实际出发，无论是政府管理部门还是企事业单位，都要遵循它的原则：

（1）以人为本，安全第一。把保障公众的生命安全和身体健康、最大限度地预防和减少突发事件造成的人员伤亡作为首要任务，加强应急救援人员的安全防护。

（2）统一领导，分级负责。企业要认真履行安全生产责任主体的职责，建立与政府应急预案和应急机制相匹配的应急体系。除了从大方向上要遵循应急管理的原则外，企业内部应该按应急预案所设立的组织和流程，有序地开展应急管理，让整个企业的生产能持续地进行。

（3）预防为主，防救结合。贯彻落实预防为主，预防与应急相结合的原则。做好预防、预测、预警和预报工作，做好常态下的风险评估、物资储备、队伍建设、完善装备、预案演练等工作。

（4）快速反应，协同应对。加强应急队伍建设，加强区域合作和部门合作，建立协调联动机制，形成统一指挥、反应灵敏、功能齐全、协调有序、运转高效的应急管理快速应对机制，充分发挥企业内外部应急管理部门人员的作用。

（5）依靠科学，依法规范。采用先进的救援装备和技术，充分发挥专家作用，实行科学民主决策，增强应急救援能力。依法规范应急管理工作，确保应急预案的科学性、权威性和可操作性。

（6）信息公开，引导舆论。在应急管理中，要满足社会公众的知情权，做到信息透明、信息公开，但是涉及国家机密、商业机密和个人隐私的信息除外。不仅如此，还要积极地对社会公众的舆情进行监控，了解社会公众的所思、所想、所愿，对舆情进行正确、有效引导。同样，企业内部发生事故时，也应该第一时间向企业内部的人员通报事件，并告知事情的发展及企业的处理方案，避免引起更大的恐慌。

2. 应急反应与应急预案

应急反应的出发点是减轻事故发生时的后果，防止意外事件或事故升级为灾难性的事故。有效的应急预案与应急反应可以帮助我们最大限度地挽救生命和避免财产损失。综观国内外，以往发生重大工艺安全事故的，之所以出现我们所看到的重大伤亡、对环境有破坏性影响的或巨大财产损失的，其中一个很重要的因素是缺乏有效的事故应急反应。

因此，工厂需要编制适当的应对紧急情况的计划，提升员工的实际应急反应能力，以防止小的异常事件或事故演变成大事故或灾难，从而减少人员伤害、减轻环境破坏和免遭财产损失。应急反应不只是事故发生时的工作，应该是一个闭环和持续改善的过程，包括应急预案、应急反应、恢复和总结改进等步骤。对应急总结不但有利于改进应急反应管理系统，提升应急反应能力，还可以指导我们有效地预防事故。

应急预案是为了更好地适应法律和经济活动的要求，给企业人员的工作和施工场区周围居民提供更好、更安全的环境，保证各种应急资源处于良好的备战状态，指导应急行动按计划有序地进行，防止因应急行动组织不力或现场救援工作的无序和混乱而延误事故的应急救援，避免或降低人员伤亡和财产损失，帮助实现应急行动的快速、有序、高效。应急预案应坚持“安全第一、预防为主”“保护人员安全优先，保持环境优先”的方针，贯彻“常备不懈、统一指挥、高效协调、持续改进”的原则。应急预案的核心要素应该包含：应急策划、应急准备、应急响应和事后恢复与重建四个方面的内容。如表 10－1 所示。

表 10－1　应急预案核心要素内容表

应急预案的核心要素	主要内容	备注说明
应急策划	它把减灾的行动作为重要目标： a. 对于风险评估和应急能力的评估，判断可能发生事故的后果的严重程度和会发生事故的可能性有多大 b. 确认企业中的高危作业场所发生事故的个人风险值和社会风险值 c. 分析事故发生对于周围影响程度 d. 紧急的避难场所规划和用于应急响应的有效应急资源等	它是一个长期的过程
应急准备	它是应急管理过程中一个极其关键的过程，针对可能发生的事故，为了能迅速高效地开展应急行动而提前所做的各种准备。它的目标是保持重大事故应急救援所需的应急能力。 a. 应急体系的建立 b. 有关部门和人员职责的落实 c. 预案的编制 d. 应急队伍的建设 e. 应急设备（施） f. 物资的准备和维护 g. 预案的演习 h. 与外部应急力量的衔接	它属于事前阶段
应急响应	包含两个阶段：初级响应和扩大应急。 a. 初级响应是在事故初期，主要在现场开展。重点是减小紧急情况与灾难的不利影响，企业或部门利用自己的救援力量，使最初的事故得到有效控制 b. 当事故的规模和性质超出本单位的应急能力时，应请求增援和提高应急响应级别，进入扩大应急救援活动阶段 c. 应急响应程序包括： • 接警与通知 • 指挥与控制 • 警报和紧急公告	企业应把应急响应放在初级响应方面

续表

应急预案的核心要素	主要内容	备注说明
	• 通信 • 事态监测与评估 • 警戒与治安 • 人群疏散与安置 • 医疗与卫生 • 公共关系 • 应急人员安全 • 消防与抢险（包括泄漏物的控制）	
事后恢复与重建	首先是要把受事故影响的区域恢复到相对安全的基本状态，然后逐步恢复到正常状态。它包括短期恢复和长期恢复两个方面： a. 短期恢复过程中要注意避免出现新的紧急情况；而要求立即进行的恢复工作往往包括事故损失评估、原因调查、清理废墟等 b. 长期恢复工作中，在汲取事故和应急救援的经验教训，制定措施，开展进一步的预防工作和减灾行动	在应急抢险后应立即进行

应急预案是一个重要的文件，原则上，所有生产或储存危险化学品的工厂都需要编制应急预案，国内外的法律和法规都有相关的规定。而应急预案一般包括以下几个方面的内容：

（1）总体说明；

（2）紧急情况的类别及响应条件；

（3）应急反应小组及其职责；

（4）应急反应程序的启动与解除；

（5）紧急联络方式（电话清单）；

（6）撤离及紧急逃生；

（7）现场具体的应急反应程序；

（8）应急设备及供应；

（9）安全区域的位置；

（10）急救和医疗抢救；

（11）外部救援；

（12）培训和演练；

还可以在附件中包括其他有用的信息及图表：

（1）工厂周边环境示意图；

（2）工厂总平面布置图；

（3）工厂设置布置图；

（4）生产工艺流程图；

（5）主要危险化学品的安全技术说明书（MSDS）；

（6）消防设施分布图；

（7）紧急撤离路线和紧急集合点示意图；

（8）与当地政府部门或相关机构签订的应急反应备忘录；

（9）应急反应手册（包含工厂各类假想事故情形和后果分析及应对措施）。

企业应急预案提纲模板如表 10－2 所示。

表 10－2　××化工企业应急预案题纲模板

第一部分　综合应急预案 1. 总则 a. 编制目的 b. 编制依据 c. 适应范围 d. 应急预案体系 e. 应急工作原则 2. 事故风险描述 a. 生产经营单位概述 b. 危险源与风险分析 3. 组织机构及职责 a. 指挥机构 b. 指挥机构职责 4. 预警及信息报告 a. 预警

续表

b. 信息报告 5. 应急响应 a. 响应分级 b. 响应程序 c. 应急结束 6. 信息公开 7. 后期处置 a. 污染物处理 b. 事故后果影响消除 c. 生产秩序恢复 d. 善后赔偿 e. 抢险过程和应急救援能力评估及应急预案的修订 8. 保障措施 a. 通信与信息保障 b. 应急队伍保障 c. 物资装备保障 d. 其他保障 9. 应急预案管理 a. 应急预案培训 b. 应急预案演练 c. 应急预案修订 d. 应急预案备案 e. 应急预案实施
第二部分　专项应急预案：××事故专项应急预案 1. 事故风险分析 2. 应急指挥机构及职责 3. 处理程序 4. 处置措施
第三部分　现场处理方案 一、初期火灾事故现场处置 1. 事故风险分析 2. 应急工作与职责 3. 应急处置 4. 注意事项 二、触电事故现场处置方案 1. 事故风险分析 2. 应急工作与职责

续表

3. 应急处置 4. 注意事项 三、机械伤害事故现场处置方案 1. 事故风险分析 2. 应急工作与职责 3. 应急处置 4. 注意事项 四、压力容器事故现场处置方案 1. 事故风险分析 2. 应急工作与职责 3. 应急处置 4. 注意事项 五、物体打击事故现场处置方案 1. 事故风险分析 2. 应急工作与职责 3. 应急处置 4. 注意事项 六、车辆伤害事故现场处置方案 1. 事故风险分析 2. 应急工作与职责 3. 应急处置 4. 注意事项 七、中毒窒息事故现场处置方案 1. 事故风险分析 2. 应急工作与职责 3. 应急处置 4. 注意事项 八、灼烫事故现场处置方案 1. 事故风险分析 2. 应急工作与职责 3. 应急处置 4. 注意事项 九、高处坠落事故现场处置方案 1. 事故风险分析 2. 应急工作与职责 3. 应急处置 4. 注意事项 附件： a. 应急指挥部、应急专业小组和相关单位的联系方式

续表

b. 应急救援物资器材清单 c. 规范化格式文本 d. 相关应急预案名录 e. 化学品 MSDS f. 地理位置图 g. 四至图 h. 平面布置图 i. 重点防护目标图 j. 逃生救援路线图

应急预案作为企业提前识别安全风险、做好相对应的安全应对策略的方案，它的真实性与实用性，直接对企业的安全管控起着重要作用。而作为应急预案，它所包含的内容及应对异常情况或事故的处理方法，应该是向现场的所有管理人员和操作人员进行相对应的培训或宣贯才能起到应有的作用的。因此，工厂需要给予普通员工，以及承包商、工程施工人员进行基本的应急反应培训，以便他们在遇到紧急情况时，知道如何正确地做出判断与处理。培训的内容至少应该包含：工厂可能发生的紧急情况；如何报告所发现的紧急情况；工厂的平面布置图、紧急撤离路线和紧急出口；安全警报及其应急响应的要求；紧急集合点的位置及清点人数的要求；应急反应的要求等。面对不同水平的应急者，更应有针对性地制定不同的应急培训内容。如表 10－3 所示。

表 10－3　不同水平应急者培训内容清单

不同水平的应急者	代表人物	培训内容
初级意识水平	保安、门卫、巡查人员	a. 确认危险化学品并能识别危险化学品的泄漏迹象 b. 了解所涉及的危险化学品泄漏的潜在后果 c. 了解应急者自身的作用和责任 d. 能确认必需的应急资源 e. 如果需要疏散，则应限制未经授权人员进入事故现场 f. 熟悉事故现场安全区域的划分 g. 了解基本的事故控制技术

续表

不同水平的应急者	代表人物	培训内容
初级操作水平	参与预防危险化学品泄漏的操作人员	a. 掌握危险化学品的辨识和危险程度分级方法 b. 掌握基本的危险和风险评价技术 c. 学会正确选择和使用个人防护设备 d. 了解危险化学品的基本术语及特性 e. 掌握危险化学品泄漏的基本控制操作 f. 掌握基本的危险化学品清除程序 g. 熟悉应急预案的内容
危险化学品专业水平	达到或符合相关要求和规定的专业人员	a. 保证事故现场的人员安全，防止不必要伤亡的发生 b. 执行应急行动计划 c. 识别、确认、证实危险化学品 d. 了解应急救援系统各岗位的功能和作用 e. 了解特殊化学品个人防护设备的选择和使用 f. 掌握危险的识别和风险的评价技术 g. 了解先进的危险化学品控制技术 h. 执行事故现场清除程序 i. 了解基本的化学、生物、放射学的术语和其表示形式
危险化学品专家水平	具有关于危险化学品专业知识的专业人员	a. 接受危险化学品专业水平应急者的所有培训要求 b. 理解并参与应急救援系统的各岗位职责的分配 c. 掌握风险评价技术 d. 掌握危险化学品的有效控制操作 e. 参加一般清除程序的制定与执行 f. 参加特别清除程序的制定与执行 g. 参加应急行动结束程序的执行 h. 掌握化学、生物、毒理学的术语与表示形式
应急指挥级水平	具有相当丰富事故应急和现场管理经验的人员	a. 协调与指导所有的应急活动 b. 负责执行一个综合性的应急救援预案 c. 对现场内外应急资源的合理调用；提供管理和技术监督，协调后勤支持 d. 协调信息发布和政府官员参与的应急工作 e. 负责向国家、省市、当地政府主管部门递交事故报告 f. 负责提供事故和应急工作总结

3. 应急管理的实操

安全是企业高度重视的要素，也是企业能持续经营的基本条件。在安全问题上，企业除了在文化建设、工艺安全信息的收集等方面提升人的安全意识方面做出努力外，还需要有实际的行动去引导员工的日常行为及各种安全政策、方案的实施。因此，作为企业主导安全的部门，需要定期组织不同区域的人员进行安全风险/危险源的识别，把各区域的不可承受风险识别出来，有针对性地做出改进措施和处理方案。同时，各区域把一些可能会发生的安全事故识别出来后，制定相对应的事故应急预案演练计划，工厂按计划审核演练的内容是否是各区域风险级别较高的？引起事故后是否会造成比较严重的后果？是否有遗漏？经过审核后，工厂安全管理部门负责对演练计划的实施进行监督，演练后进行总结与改进。演练按事故的范围和规模可分成桌面演练、功能演练和全面演练三大类，如表 10 – 4 所示。

表 10 – 4　三大演练类别的主要内容

演练类别	主要内容	特点	演练后工作
桌面演练	由应急组织的关键岗位人员参加，按照应急预案及其标准工作程序，讨论紧急情况时应采取行动的演练活动	对演练情景进行口头演练，一般在会议室内举行。目的是锻炼参演人员解决问题的能力，以及解决应急组织相互协作和职责划分的问题	采取口头评论形式收集参演人员的建议，并提交一份简短的书面报告，以总结演练活动和提出有关改进应急响应工作的建议
功能演练	针对某项应急响应功能，或其中某些应急响应行动举行的演练活动	针对应急响应功能、检验应急人员、应急体系的策划和响应能力	采取口头评论形式外，还应向上级提交有关演练活动的书面汇报，提出改进建议

续表

演练类别	主要内容	特点	演练后工作
全面演练	针对应急预案中全部或大部分应急响应功能，检验、评价应急组织应急运行能力的演练活动	演练过程要求尽量真实、调用更多应急人员和资源，并开展人员、设备及其他资源的实战性演练，以检验相互协调的应急响应能力	除了采取口头评论、书面汇报外，还应提交正式的书面报告

工厂所制定的每一个演练方案，可以是有预案的，也可以是无预案的。临时制造事故发起演练，最能了解事故区域内人员对事故的判定、反应，以及相对应的处理事故的方法。通过演练，可以检验预案的实用性、可用性、可靠性，检验全体人员是否明确自己的应急行动程序，以及应急队伍的协同反应水平和实战能力；提高避免事故、防止事故、抵抗事故的能力，提高对事故的警惕性；让区域人员取得经验经改进所制定的行动方案。应急演练的组织策划者确定采取哪种类型的，都应该考虑以下因素：

（1）应急预案和响应程序制定工作的进展情况；

（2）区域内所面临的风险的性质和大小；

（3）区域内现有的应急响应能力；

（4）应急演练成本及资金筹措状况；

（5）有关政府部门对应急演练工作的态度；

（6）应急组织投入的资源状况；

（7）国家及地方政府部门颁布的有关应急演练的规定。

××化工厂年度应急预案演练计划如表 10－5 所示。

表 10－5　××化工厂年度应急预案演练计划表

车间	演练内容	时间	负责人	参加人员	备注
A 工区	车间硫酸管道喷溅事故演练	3 月份	车间主任	车间当班人员	
B 车间	消防器材操作演习	3 月份	车间主任	安全专员、车间全体人员	
××部门	消防器材的使用	3 月份	车间主任	部门全体人员	
公用工程	液氮泄漏应急演练	4 月份	部门负责人	调度、锅炉污水人员	
C 车间	消防器材实操	4 月份	车间主任	车间员工	
D 工区	危险化学品 1 浸水事故疏散演练	5 月份	车间主任	车间当班人员	
仓库	吨槽装物料泄露应急处理演练	5 月份	仓库主任	仓库全体成员	
E 车间	××物料储罐泄露	5 月份	车间主任	车间员工	
F 车间	各类消防器材的使用操作现场演练	5 月份	车间主任	白夜班人员	
D 车间	物料泄露演习	5 月份	车间主任	安全专员、车间全体人员	
公用工程	消防器材使用应急演练	6 月份	部门负责人	调度、锅炉污水人员	
中试车间	丙烯酸乙酯	6 月份	车间主任	车间员工	
D 车间	储罐溶剂泄露演习	6 月份	车间主任	安全专员、车间全体人员	
工厂	厂级综合演练	6 月份	安全部门	工厂全体人员	
G 工区	危险品××泄漏	7 月份	车间主任	四工区全体人员	
A 工区	有毒溶液喷溅事故	7 月份	车间主任	车间当班人员	
仓库	消防应急疏散及消防器材使用演练（无预案、无提前知会）	8 月份	仓库主任	仓库全体成员	
B 工区	PKO 包装时喷溅事故演练	8 月份	车间主任	车间当班人员	
××部门	无预案疏散演习	9 月份	部门负责人	品质部当班人员	
D 车间	起火演习	9 月份	车间主任	安全专员、车间全体人员	

续表

车间	演练内容	时间	负责人	参加人员	备注
C 工区	易燃易爆物料打料泵着火	10 月份	车间主任	二工区全体人员	
A 工区	危险化学品 2 储罐泄漏演练	10 月份	车间主任	车间当班人员	
E 车间	车间板框压滤机泄露	10 月份	车间主任	车间员工	
公用工程	污水站高空坠落应急演练	10 月份	部门负责人	调度、锅炉污水人员	
F 车间	罐区危险化学品 3 泄漏应急演练	10 月份	车间主任	当班人员	
B 工区	盐酸高位槽泄漏演练	11 月份	车间主任	车间当班人员	
C 工区	储罐溶剂泄漏着火	12 月份	车间主任	四工区全体人员	
D 车间	危险化学品 4 泄露演习	12 月份	车间主任	安全专员、车间全体人员	
××部门	无预案夜间消防演习	12 月份	部门负责人	部门当班人员	

按演练方案进行的每一个演练计划，所负责的部门及相关的人员都应该把演练当成是一个事故进行应对。因此，对待每一个演练，都要按程序对演练的方案进行准备。

首先，开展演练预备工作，它包含：

（1）布置演练工作；

（2）观摩现场定点定位。

其次，对整个演练工作的程序进行详细的安排：

（1）全体演练单位及观摩人员集中到指定区域待命；

（2）报警：发生化学品应急事故，向应急指挥部报告；

（3）应急指挥部下达启动相应的应急预案指令；

（4）交通治安管理组进行交通管制，设置警戒区域，除应急抢险人员和车辆外，其他人员和车辆不得进入该危险区域，对灾区实施治安巡逻，保证灾区安全；

（5）应急抢险组使用音响设备发出警报，或鸣锣紧急通知危险区域的居民按原定的路线有序安全转移，组织应急小分队火速赶往灾区，按照原定的编制序列目标任务快速赶到事故区域实施抢救；迅速组织事故区域人员和物资快速有序安全撤离到各安置点；

（6）事故调查监测组继续跟踪监测事故情况，有情况及时报告；

（7）医疗卫生组组织医疗卫生紧急抢救队伍进入事故区域，进行伤病员的抢救及转移工作；

（8）后勤物资保障组负责转移到各临时安置点的灾民安置工作，认真做好各安置点灾民的思想工作，解决好灾民的吃、穿、住等问题，确保救灾抢险指挥的通信与网络的畅通；

（9）做好撤离、应急抢救、交通治安、后勤保障、医疗卫生和事故调查监测等应急演练的各项记录；

（10）由应急总指挥宣布演练结束。

A 车间危险化学品原料 X 泄露应急演练及总结

一、演习目的

为加强厂区对化学品泄漏应急处理的有效控制，增强员工对泄漏事故的应急处理能力，在发生突发事故时，员工能有效地采取应急措施处理该事故。

二、演习人员组成及分工

本次演习由 A 车间班组人员组成。

三、演习领导小组成员及参演部门人员

组长：车间主任

指导：安全负责人、生产经理

副组长：车间班长

组员：A 车间全体成员

演习时间的确定：本次演习时间为 2019 年 4 月 1 日上午 8：40 至 9：10

演习性质：无预案应急处理

四、领导小组成员分工及职责

4.1 组长

职责：当事故发生，组长接到通知后，立即对事故进行分析，指挥现场人员实施应急预案和急救措施，对事故处理综合协调，同时负责向外部及上级部门报告事故情况，监督并指导整个演习过程的正常进行。

4.2 副组长

职责：副组长在演习中协助组长对事故处理综合协调，按照策划的进度落实，向上级部门发出救助的工作。

4.3 事故现场处理成员

职责：负责事故发生后应急措施处理，生产系统的紧急停车及相关阀门管线的切断。

4.4 行动小组成员

职责：负责开展扑救、现场抢险、人员救护等工作。

4.5 疏散引导、警戒告知成员

职责：负责将车间内人员疏散，并引导至安全地点，对事故发生地点周围进行警戒，禁止无关人员进入事故现场。

4.6 通信联络成员

职责：负责通信、联络，应急救援车辆的调配，受伤人员的医疗救护。

五、通信联络方式

通信联络方式如表10-6所示。

表10-6 通信联络方式

相关单位/领导	联系电话	相关单位/领导	联系电话
总经理		副总经理	
安全总监		安全负责人	
生产经理		车间主任1	

续表

相关单位/领导	联系电话	相关单位/领导	联系电话
车间主任 2		车间班长 1	
车间主任 3		公用工程主管	
仪表工程师		行政主管	
保安室		调度	
火警电话	119	急救电话	120
区安监局		区环保局	
区公安消防局		中山分院	

六、演习

6.1　演习过程

演习过程如表 10－7 所示。

表 10－7　演习过程

时间	地点	人员	情况及动作
8：40	危险化学品原料 X 罐区	A 车间员工	巡查时经过危险化学品原料 X 罐区时，发现正在进料，并且罐体底部阀门处破裂。现场排查和确认后发生大量泄漏，立即向车间班长报告
8：41	A 车间 DCS 室	车间班长	班长立即向车间主任汇报，并指挥主操关闭进料泵及各生产相关设备。之后确保应急人员穿戴正确的劳保用品，吩咐班长带领主操和该员工检查围堰开关，以及与其连接的其他阀门是否处于关闭状态，拉起警戒线，禁止无关人员进入事故区域；做好回收泄漏物料的准备工作
8：42	生产部办公室	车间主任	接到报告后，确认现场有无人员受伤，并指示班长启动预案，赶赴现场，在途中通知安全部门、生产调度和生产经理，危险化学品原料 X 泄漏异常情况，请求支援
8：44	危险化学品原料 X 罐区	车间班长	班长向车间主任反馈罐区围堰的相关阀门关闭的落实情况

续表

时间	地点	人员	情况及动作
8：45	危险化学品原料X罐区	车间主任安全部门车间员工	在现场确认围堰已将物料控制，与安全部门人员对现场泄露量进行评估（约2t）危险化学品原料X泄露，车间主任立即通知班长对罐区内物料进行转移安置，车间班长指挥现场人员准备转移工具吨槽、抽料管道、抽料泵，并通知电工对泵进行临时接电，同时对现场围堰进行实时监督，确保物料不会造成第二次泄露
8：55	危险化学品原料X罐区	车间主任安全部门车间员工电气人员	将转移管道连接，并将抽料泵接线，现场班长对抽料装置检查确认无误后，指挥物料转移
9：05	危险化学品原料X罐区	车间主任安全部门车间员工电气人员	完成罐区泄露物料的转移，将转移物料贴好标签，待技术人员与安全部门人员的处理方案，与安全部门人员评估现场情况，通知污水处理站准备接受稀释后危险化学品原料X废水，同时员工使用消防水对泄漏区域进行冲洗稀释，冲洗完成后打开围堰阀门将围堰内废水排至污水管网至污水处理站
9：10	事故现场	车间主任安全部门设备工程师车间员工电气人员	现场确认现场应急处置完成后（完成物料转移，现场清洁），通知设备人员对损坏设备进行评估，并进行善后工作

备注：

汇报方式：事故报告需说明事故发生时间、地点、具体状况，报告人及联系电话。如我是××，危险化学品原料X罐发生法兰泄漏物料事故，请求支援和协助，可联系本机（或具体电话号码）。

6.2 灭火行动联系流程图

七、演习要求

7.1 本次演习的目的旨在培养公司各级员工对公司突发事故的处理能力，各部门领导及人员必须严肃对待，演习过程中不得有嬉笑等不

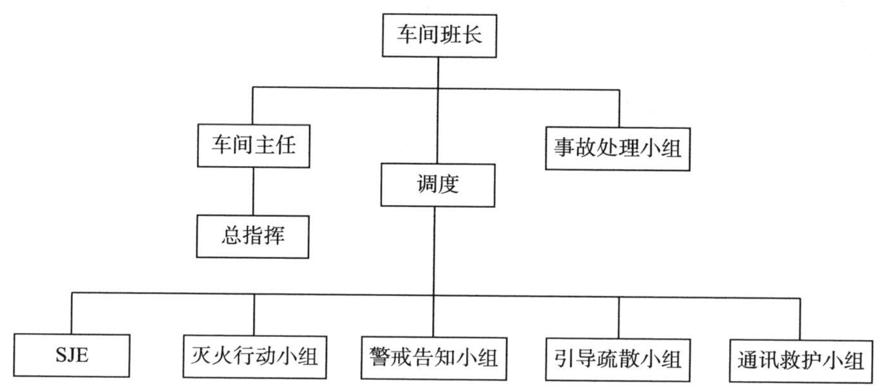

图 10－1　灭火行动联系流程图

严肃的行为。

7.2　演习过程中，各参演员工应注意安全，避免在演习过程中发生工伤事故。

7.3　事故点的电器设备采取可靠的保护措施，防止演习过程进水造成损坏，该项由电气仪表负责。

7.4　演习领导小组成员在演习过程中应佩戴安全帽。

7.5　消防通道上的物料必须清走，保持消防通道畅通。

7.6　演习期间各组成员需要保持手机畅通，便于救护安排。

八、总结

8.1　本次演习过程中由于无预案导致演习现场混乱（无警戒线、无明确指挥及各个人员的分工）。

8.2　现场参与应急演练的人员态度散漫，消极对待。

8.3　车间员工对物料及风险源的认识不够，不能明确说明物料特性及风险源。

8.4　车间主管及生产经理未佩戴劳保用品就进入事故演练现场，风险意识不够。

九、后续措施

9.1　根据本次演练内容制定该风险源的应急预案。

9.2　本月15号之前成立车间应急处理小组，明确在应急处理过程中职责及流程。

9.3　本月10号之前完成对车间员工MSDS的重新学习与考核。

9.4　预计第二季度再次进行应急演练。

第十一章

Chapter 11

事故管理

1. 事故发生的汇报流程

近年来，经媒体报道的“事故”都是一些社会反响比较大，或伤亡比较严重，或对事故工厂造成严重破坏的。因此，只要一提起事故，人们第一时间想到的是人员伤亡、工厂被毁等严重画面。而对于工厂来说，其实事故可以分成三个类型，针对不同类型的事故制定不同的汇报流程及汇报层级。

（1）事故：造成人员伤亡、财产损失、环境破坏的意外事故。工厂会针对自身的大小和经营的范围，按应急事件的性质、严重程度、可控性、影响范围等因素将企业的安全事故分为三级：III 级（车间级）、II 级（工厂级）、I 级（公司级）。对每一个等级的事故进行详细的定义，并针对事故的大小去确定事故的汇报层级和汇报处理流程。如表 11－1 所示。

表 11－1　工艺事故等级定义表

事故级别	定义/条件	汇报流程
III 级（车间级）	a. 发生险肇事故（未造成工作日损失事故及火险事故） b. 一次事故造成直接经济损失 × × 万元以下 c. 造成生产线停产，但不影响交付的事故 d. 一次事故造成跑冒液态原料 × × 吨以下	事故现场人员——部门负责人、调度（应急响应中心）——安全主管、工厂厂长

续表

事故级别	定义/条件	汇报流程
II 级（工厂级）	a. 发生造成人员受伤损失工作日一天以上且医疗费用大于××元 TIR 的工伤或人员中毒事故 b. 次事故造成直接经济损失在××万元 c. 造成生产线停产×天以下（含×天）且影响交付的事故。 d. 一次造成××吨（不含×吨）物料泄漏事故 e. 应急工作小组认为应升级管理的事故	事故现场人员——部门负责人、调度（应急响应中心）——安全主管（经理）、工厂厂长（应急工作小组）
I 级（公司级）	a. 一次造成×人以上（含×人）TIR，或中毒事故，或性质更严重人身伤害事故 b. 一次造成直接经济损失×万元以上的事故 c. 一次造成×吨以上的物料泄漏或剧毒品泄漏事故 d. 造成生产线停产×天以上（不含×天）且影响交付的事故 e. 可能危及周边工厂、社区、群众安全，需要对其进行疏散，急需外部救援的事故 f. 公司管理层经危害识别、风险评估后确定的公司级事故	事故现场人员——部门负责人、调度（应急响应中心）——安全主管（经理）、工厂厂长（应急工作小组）——生产副总经理、总经理（公司应急领导小组）——政府相关部门（需要报告事故）

（2）未遂事故。没有造成人员伤亡、财产损失、环境破坏或生产中断的意外事件。但是如果环境条件有些许变化，就有可能导致一种或多种后果。对于一些工艺安全事故的调查表明，在事故发生前都存在相当数量的未遂事故。因此，对于现场的安全管理，管理人员都意识到通过员工尽可能多地报告未遂事件或不安全行为来及时发现问题，甚至是以此来探询问题的根源，尽可能地在发生事故前解决不安全的问题。

因此，对于一些未遂事件及不安全行为，工厂可以出台相应的政策鼓励员工去发现并及时上报；也可以是通过行政手段推行一些关于安全方面的政策。无论以何种形式，目的都是让员工把安全是第一位的放在心上，在日常的工作中时刻关注不安全行为并按流程上报，寻求解决办法把问题点处理掉。对于未遂事故，它的汇报流程发现者——当班的班长——车间主任，车间主任通过开岗位分析会的形式，调动员工的积极性去寻求问题的解决方案。通过对未遂事件的记录，定期向安全部门汇报。安全部门通过对未遂事故的汇总/收集，定期回顾与跟踪纠正措施与验证效果。如表 11－2 所示。

表 11－2　某化工企业近似事故记录统计表

日期/时间	部门	事故描述	根本原因	整改行动				员工承包商	类别
				整改措施	责任人	计划完成的时间	完成的状态		
4 月 1 日	仓库	叉车司机叉料时叠放两层，上层没有缠膜，上下坡时存在安全隐患	叉车司机安全意识不强，对于日常安全操作还不能完全做到	建议缠膜，杜绝隐患	仓库主管	当天	已完成部分，长期跟进中并落实		人为类
4 月 1 日	A 车间	原料 ×× 余料，随着气温升高，有膨胀现象，胶桶已鼓起，存在安全隐患	安全意识不够，警惕性不高	打开盖子减压，建议各班组及时巡检，并建立操作指导书	车间主任	当天	跟进并落实		工艺类
4 月 2 日	B 车间	新做的排水槽边缘锋利，很容易划伤手，很不安全	做工粗糙，未鉴定其使用的安全性	请机修进行打磨，以后新做的一定要先进行打磨再使用	机修负责人	4 月 5 日	已完成		设备类

续表

日期/时间	部门	事故描述	根本原因	整改行动				员工承包商	类别
				整改措施	责任人	计划完成的时间	完成的状态		
4月3日	B车间	发现隔膜泵的防爆软管处接头锈蚀脱落，电线外漏，存在触电的风险	长期使用，设备老化	及时通知电工拆线，卸下防爆接头焊接后重新接好	机电仪负责人	当天	已完成		设备类
4月4日	C车间	4月2日晚上接班时发现升降机安全门没有关，存在安全隐患	使用人在使用过程中未能做到安全操作	早会上宣贯建议各班组人员用完升降机后及时关闭安全门，以防意外发生；现场张贴相关安全操作图，进行目视化管理	车间主任	4月5日	目视化模块未完成		设备类
4月5日	D车间	夜班时看见一起交通事故，起源于公路没有路灯，所以存在安全隐患	道路未安装路灯，部分已安装路灯未开启	通知相关路政部门	安全部门负责人	当天	未完成		设施类
4月7日	C车间	包装间门锁坏了，开门时容易划伤手	门锁损坏，未及时更换新锁	及时更换	车间主任	当天	已完成		设施类

（3）生产事故。发生的意外事件对产量或产品品质造成了影响。如一个事故涉及下列区域设备、原料存储、公共设施、生产或产品存储和包装；并造成爆炸、火灾、从工艺设备或储罐中溢出，围堵失败或突然的机械损坏，或产品不合格需报废等结果的：

• 工艺设备破裂或严重失效，含工艺设备的内部（换热器列管、加压风机、锅炉管等）；

• 工艺设备或储罐溢流（腐蚀性，易燃等液体；工艺材料，中间体或产品）；

• 可燃气体释放（天然气、氢气、LPG、尾气），毒性（石油、原料、硅烷、氯化氢、氯气、一氧化碳等），氧气或惰性气体（氮气、氩气）或液体（包括水蒸汽、热的凝水等），从管道或设备（不论数量）造成围堵失效，如裂缝、孔洞、垫片喷出（不是设计的功能，如聚四氟乙烯衬里管道排气孔）；

• 从法兰、垫片或密封处滴漏/释放的可燃气体（天然气、氢气、LPG、尾气），毒性（石油、原料、硅烷、氯化氢、氯气、一氧化碳等），氧气或惰性气体（氮气、氩气）或液体（包括水蒸汽、热凝水等）（在 1 小时内 >5 公斤）；

• 安全阀起跳，且排放到不安全的位置，需要撤离，或到室内集合；

• 投料错误，导致生产过程中出现异常（爆聚、高度过高等），对产品造成不可挽救的结果。

对于工艺安全事故，按事故的严重程序分别汇报到相应的层级。汇报路径为：当事人或当班班长——车间主任（部门经理）——工艺负责人——生产经理——安全部门负责人——工厂厂长——公司总经理。汇报路线虽然是按层级进行设定，但事故可以超级汇报，但不能不报告给岗位的直接上级。如图 11－1 所示。

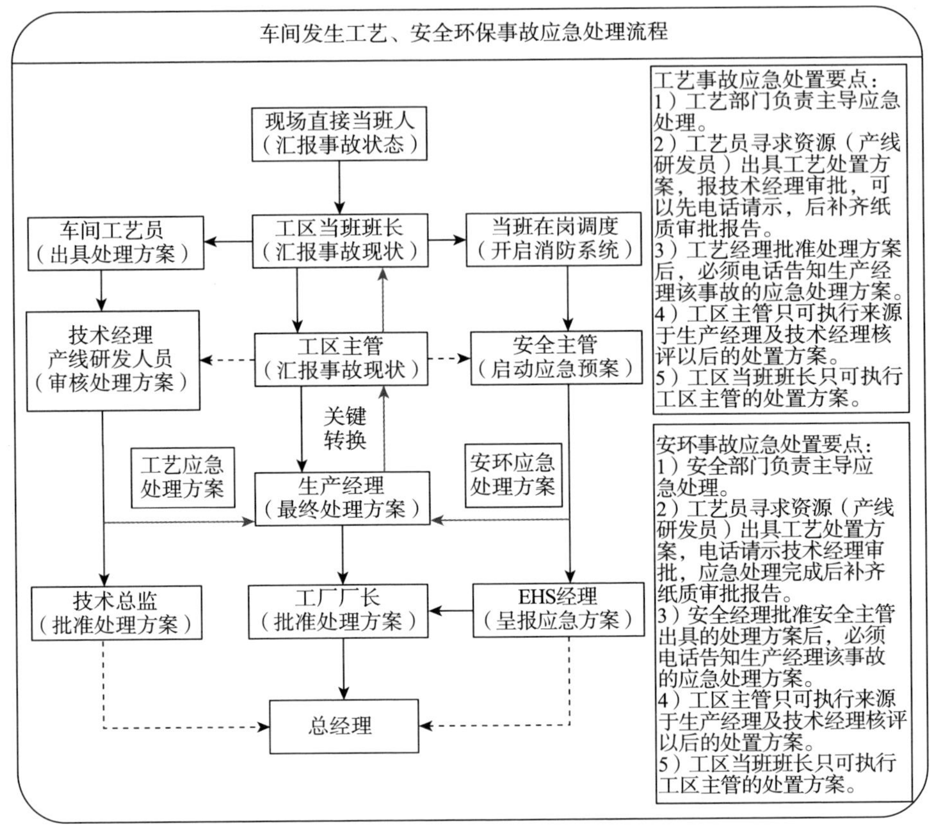

图 11－1　某化工企业的工艺、安全环保事故汇报流程图

2. 事故管理的信息系统

无论是企业还是工厂，事故一旦发生，就应该按事故汇报程序进行汇报。汇报后，从事件的处理——调查/分析——纠正措施的制定——责任人的认定——整改效果的跟踪与验证等，所有事件及资料都应该记录与保存，并形成可调阅的资料供相关部门人员参考及作为培训教材。一般的事故管理信息系统，都包含事故信息录入、事故信息审核、事故调查处理、调查结果审批、统计分析等模块。如图 11－2 所示。

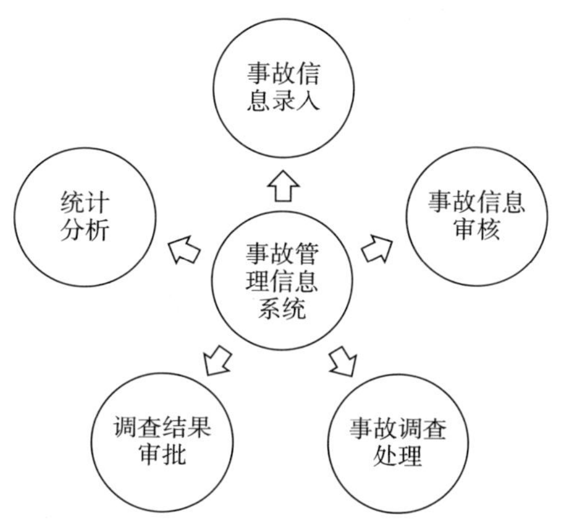

图 11－2　事故管理信息系统五要素

（1）事故信息录入：在事故发生后，除常规的事故上报工作外，还需要将事故基本信息录入系统，作为事故调查的依据。在事故信息的录入过程中，对事故所收集到的一些现场信息（无论是口述还是照片），都应该作为基本信息导入系统。信息的录入，越详细越好，图文并茂更有利于事件的分析与调查，以及后续事故的借鉴。

（2）事故信息审核：对于在事故信息系统上所汇报的信息，应该按实际情况进行上报，不夸张、不虚假、不缩小，把事件用最真实的语言进行描述与还原。负责事故信息审核的领导按要求对事故信息进行审核，审核通过的马上开展相应的调查工作；对于上报资料不全、不详细或不真实的，领导应予以退回，让事故信息上报者对信息进行重新整理与确认。

（3）事故调查处理：在系统上设置了详细的事故调查处理流程，按程序及相对应的分析方法对事故进行调查，查明事故直接原因、间接原因、人员伤亡和经济损失情况等。确定事故责任者，提出事故处理意见和整改措施。

（4）调查结果审核与审批，形成调查报告：调查完成后，系统自动调取相对应的数据和图片，按照预先设计好的模板，自动生成调查报告，报告自动呈给相对应的领导，让领导进行审批。如审核通过，向事故责任部门以及相关人员发布报告，并把报告加入到事故数据库，进行统计分析。

（5）统计分析：实现对安全事故按等级、种类、大小等规则进行统计分析。在此之前，企业或工厂就要根据自身的大小和经营范围，制定不同的事故等级评定标准及分类标准。让事故在上报时就按规则对事故的性质和种类进行分类，这样才能使最终进入系统的事故信息自动通过特定的条件进行分类与统计分析。

（6）实现信息共享：员工可以随时调阅作为定期回顾与举一反三自查的资料，同时可作为安全培训的基础资料。对于一些重大的安全事故，可利用系统信息作为警戒的重要依据，时刻提醒血的教训，以增强现场的安全即视感与提升安全理念。

3. 事故调查、分析的工具

不管事故的类型是哪一种，都是把根源性的问题挖掘出来并做相应的改进措施。因此，事故调查是事故发生后的一项重要工作。它的目的是要弄清楚造成事故的原因并提出改进措施，防止今后再次发生类似的事故。它除了能把当次所发生事故的原因找出来外，还可能把其他的安全隐患挖掘出来，并能及时把它们消除掉，有利于防止新事故的发生。对事故进行调查，不仅仅是工厂内部对事故的一次总结与安全管理的要求，还是安全生产法规的要求。如果工厂发生事故，就应该及时对事故进行调查，必要时需要积极配合有关部门开展事故调查工作。在事故调查中，一定要对生产过程和作业现场进行深入的调查和分析。因此，开展事故调查还有助于改进作业场所的安全条件、改进操作程序和安全作业程序、提高生产效率及员工的安全意识。工厂对于安全事故的及时、积极的调查，也反映出工厂承担起对员工安全和切身利益的责任！

对于事故的调查，工厂务必做到“严谨、细致、认真和全面”。从事故的定性到快速发起调查，一刻都不能耽误。一般情况下，事故调查都按以下步骤进行：

（1）工厂需要建立必要的事故调查制度，做好事故调查的准备。事故调查制度的主要作用应该是能为工厂的事故调查工作提供必要的指南并提出具体的要求。因此，该制度的内容应该包含以下内容：

一是清晰定义事故的类别。工厂应该根据自身的大小和经营范围，按照事故后果的严重程度对事故进行分类，或对事故的复杂程度和种类进行分类。

二是明确调查小组的要求和职责。比如，如何组建小组、小组的成员应该由哪些岗位的人员组成、每位成员所负责的工作，以及小组组长的职责等。

三是说明与事故调查相关的培训要求。管理人员需要了解事故调查的政策与各自的职责；普通员工需要掌握如何报告事故和保护事故现场；事故调查小组成员及组长需要掌握收集证据、分析证据等方面的知识，以及事故分析的方法。

四是说明收集证据、分析事故根源、提出改进措施、跟踪落实改进措施等相关的要求。

五是说明事故调查的文件要求。明确需要编制和保存哪些与事故调查相关的文件，这些文件需要有自即日起审阅，哪些调查表格和记录需要做存档保存等要求。

六是说明如何通过回顾安全事故调查工作，持续改进事故调查管理制度。

（2）组建事故调查小组，收集和分析事故相关的事实和证据，应用适当的分析方法找出事故的直接原因和被表面现象所覆盖的事故根源。事故调查小组要遵循“精简、效能”的原则，小组成员一般由一名事故调查组长（熟悉该项作业的管理层外部相关人员）、安全部门管理人员/负责人、事故区域的负责人、生产经理、工艺人员，甚至可以聘请有关方面的专业人员或专家。如果涉及承包商的工作，还要包括承包商的员工及相关方面专业知识的人员。所选的人员一定要做到公平、公正，不能与调查事故有直接的利益关系。

对于所开展的事故调查，首先要开展的工作是搜集信息：是否采取行动以减轻、遏制或控制事故；是否需要隔离事故场所，以保存证据；问题定义（即事故情况）、发生的时间、地点和造成的影响（损失数量、频繁程度、安全问题等），以及对事故的客观描述；对第一时间目击者的询问。

其次，采用一些事故分析方法，对事故进行深入的分析。

常见和常使用的一些事故分析方法如表 11 －3 所示。

表 11 －3　事故分析方法清单

<table>
<tr><th>分析方法</th><th>操作特点</th><th>图表</th></tr>
<tr><td>头脑风暴法</td><td>一组人围在一起，先了解事故发生的经过，然后围绕所发生的事故，提出对于事故原因的看法，并对这些看法进行讨论，找出事故的原因</td><td>5WHY 分析法<table><tr><th>事情经过</th><th>Why 1</th><th>Why 2</th><th>Why 3</th><th>Why 4</th><th>Why 5</th></tr><tr><td></td><td></td><td></td><td></td><td></td><td></td></tr></table></td></tr>
<tr><td>时间线法</td><td>此方法不能确定事故的根源，但它是帮助探寻事故根源的有用工具。事故调查小组可以根据收集到的各种资料及与相关人员面谈得到的信息，将事故发生前的一系列事件按照时间的先后顺序进行排序；在事故调查期间，在获得更多的信息或资料后，可以对已经编制的时间线进行修正，时间线有助于防止遗漏收集重要的证据</td><td><table><tr><th>时间点</th><th>操作内容</th></tr><tr><td>8：00</td><td>开始投料</td></tr><tr><td>8：45</td><td>投料结束，升温开始</td></tr><tr><td>9：15</td><td>温度达到反应要求的 90 度，开始反应</td></tr><tr><td>9：30</td><td>启动搅拌，转速调为 20</td></tr><tr><td>10：00</td><td>测量反应过程中的温度及物料黏度</td></tr><tr><td>11：00</td><td>开始滴加助剂</td></tr><tr><td>11：40</td><td>温度报警（过高），停止搅拌</td></tr><tr><td>12：00</td><td>持续报警，立即采用外循环水降温</td></tr><tr><td>12：05</td><td>工艺经理到场，指挥滴加阻聚试剂</td></tr><tr><td>12：30</td><td>工艺人员确认是助剂投料配比错误，导致爆聚，爆聚现象已受到控制</td></tr></table></td></tr>
</table>

续表

分析方法	操作特点	图表
事故原因图表	将事故发生过程中的“事件”（事故发生之前的某个行为，不是状态）描述在长方形的框内，用箭头按照时间先后次序连接。将对应的状态记录在椭圆形的框内（如不确定的，用虚线椭圆），并用虚线与对应的“事件”连接	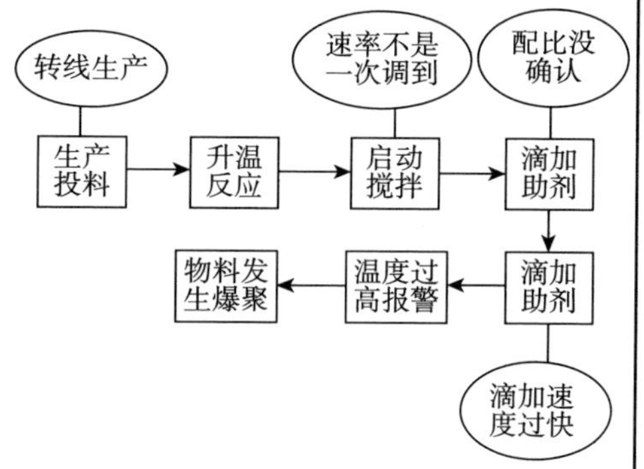
逻辑树方法	能系统、全面地确定事故根源，扮演出事故的直接原因及根源。有故障树分析员和“为什么树”。针对某个结果，采用逆推的方式，借助“与”门和“或”门的逻辑运算，重现演出该结果出现之前的事件，确保扮演得出的某个事件又可以是下一层其他事件发生的结果	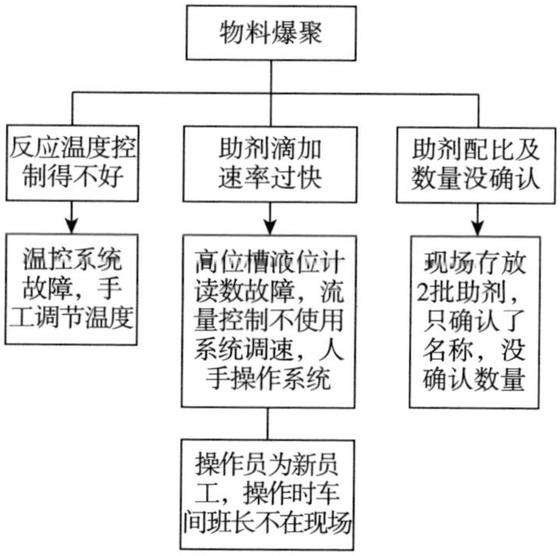
其他方法	阿波罗根源分析法、根源地图法、预定义树法等	——

（3）根据调查分析的结果，编制事故调查报告。事故调查报告是事故调查工作的“成果”，所有调查的收获都将反映在事故调查报告中，包括详细的事实说明、所发现的问题和提出的改进意见。调查小组所编制的事故调查报告，至少包括以下几个内容：

一是事故发生的日期，简要概述事故的时间与后果。

二是调查初始数据。

三是事故过程、应急抢险、损失的描述。

四是造成事故的原因。

五是对责任人员的处理建议。

六是调查过程中提出的改进措施，识别和评估所建议的预防措施。

七是对于针对事故所制定的改进措施，事故负责人需认真落实，并在要求的时间内出具改进结果及效果验证。安全部门人员定期对问题进行改进确认与持续跟踪，直到问题得到根源性解决与事故结案。

事故调查的基本步骤流程图如图 11－3 所示。

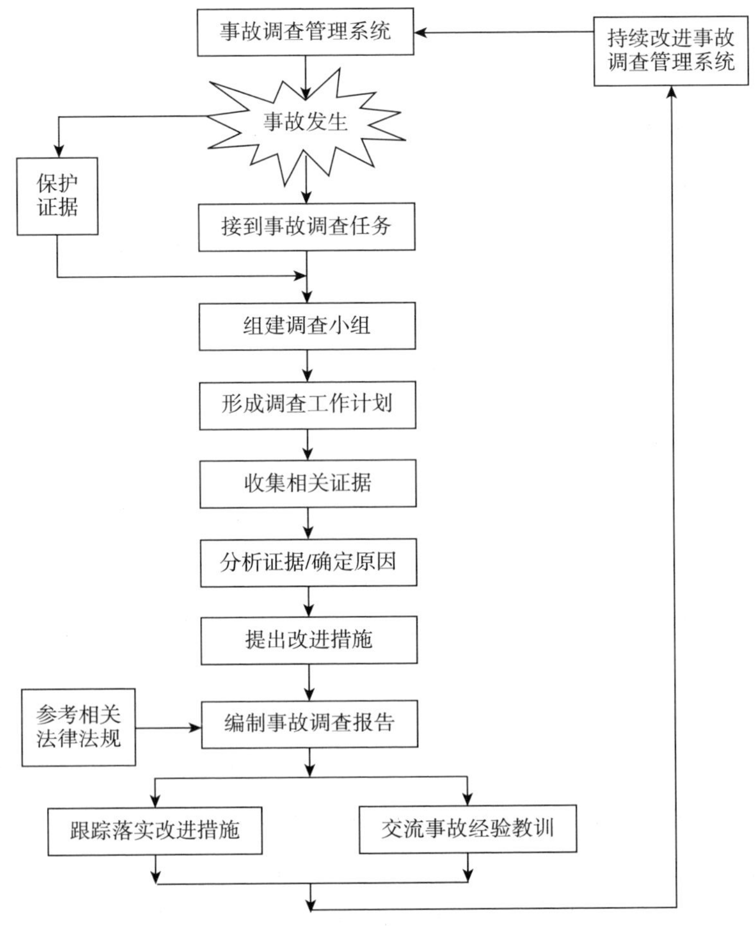

图 11－3　事故调查的基本步骤流程图

总的来说，每一起工艺安全事故（不管是未遂的还是已经发生的）都是一种或多种根源性问题导致的，这些根源性问题往往是管理系统本身存在的缺陷。企业或工厂在出现这些事故或未遂事故后，要及时发掘导致事故的根源并及时改进管理系统，不但可以预防类似的事故，还有助于预防这些管理系统缺陷可能导致的其他事故。事故调查不仅仅是对事故的管理，还是一种事故预防的途径，是完善管理系统和预防类似事故重复发生的重要机制。

4. 事故的责任

事故不会无缘无故地发生，它的发生肯定是因为有条件发生变化或人为操作失误造成的。无论是何种事故，经调查后总会得出事故发生的根源性问题，以及相对应的责任人。而对于事故的责任的认定，应该按何种形式来进行呢？认定后的操作措施及行动又应该是什么样的呢？事故责任分析的依据是：根据事故调查所确认的事实，通过对直接原因和间接原因的分析，确定事故中的直接责任者和领导责任者；在直接责任和领导责任者中，根据其在事故发生过程中的作用，确定主要责任者。

一般情况下，凡因“人的不安全行为”造成的事故，这个“不安全行为”的实施人就是直接责任人，承担直接责任；而“机械、物质或环境的不安全状态”造成的事故，直接责任人就是造成“不安全状态”的人；凡是因为上面所列的“间接原因”造成的事故，一律追究领导责任。

很多情况下，直接责任人不一定承担主要责任。比如，某工地一工人肩扛一根近 3 米长的钢筋在工地行走时，碰到了工地架空电缆，并将电缆拉断，引起现场另一名工人触电。这起事故的直接责任人就是扛钢筋的工人，但主要责任人应该是设置架空线的人（违反了架空电缆高度要求）。同时，有关领导和有关人员显然应该承担教育、检查不够，管理混乱的责任。

事故的责任除了是对责任部门及责任人的追查与追究外，它在法律上还规定了一系列的操作与事故的责任关系。事故发生单位主要负责人有下列行为之一的，处上一年年收入 40% ~80% 的罚款；属于国家工作人员的，并依法给予处分；构成犯罪的，依法追究刑事责任。

（1）不立即组织事故抢救的；

（2）迟报或者漏报事故的；

（3）在事故调查处理期间擅离职守的。

事故发生单位及其有关人员有下列行为之一的，对事故发生单位处 100 万元以上 500 万元以下的罚款；对主要负责人、直接负责的主管人员和其他直接责任人员处上一年年收入 60% ~100% 的罚款；属于国家工作人员的，并依法给予处分；构成违反治安管理行为的，由公安机关依法给予治安管理处罚；构成犯罪的，依法追究刑事责任。

（1）谎报或者瞒报事故的；

（2）伪造或者故意破坏事故现场的；

（3）转移、隐匿资金、财产，或者销毁有关证据、资料的；

（4）拒绝接受调查，或者拒绝提供有关情况和资料的；

（5）在事故调查中做伪证，或者指使他人做伪证的；

（6）事故发生后逃匿的。

事故发生单位对事故发生负有责任的，依照下列规定处以罚款：

（1）发生一般事故的，处 20 万元以上 50 万元以下的罚款；

（2）发生较大事故的，处 50 万元以上 100 万元以下的罚款；

（3）发生重大事故的，处 100 万元以上 500 万元以下的罚款；

（4）发生特别重大事故的，处 500 万元以上 1000 万元以下的罚款。

事故发生单位主要负责人未依法履行安全生产管理职责，导致事故发生的，依照下列规定处以罚款；属于国家工作人员的，并依法给予处分；构成犯罪的，依法追究刑事责任。

（1）发生一般事故的，处上一年年收入 30% 的罚款；

（2）发生较大事故的，处上一年年收入 40% 的罚款；

（3）发生重大事故的，处上一年年收入 60% 的罚款；

（4）发生特别重大事故的，处上一年年收入 80% 的罚款；

事故发生单位对事故发生负有责任的，由有关部门依法暂扣或者吊销其有关证照；对事故发生单位负有事故责任的有关人员，依法暂停或者撤销其与安全生产有关的执业资格、岗位证书；事故发生单位主要负责人受到刑事处罚或者撤职处分的，自刑罚执行完毕或者受处分之日起，5 年内不得担任任何生产经营单位的主要负责人。

为发生事故的单位提供虚假证明的中介机构，由有关部门依法暂扣或者吊销其有关证照及其相关人员的执业资格；构成犯罪的，依法追究刑事责任。

参与事故调查的人员在事故调查中有下列行为之一的，依法给予处分；构成犯罪的，依法追究刑事责任。

（1）对事故调查工作不负责任，致使事故调查工作有重大疏漏的；

（2）包庇、袒护负有事故责任的人员，或者借机打击报复的。

第十二章

Chapter 12

承包商管理

1. 承包商管理的特点

承包商是指本厂以外的公司或个人，他们根据相应的合同条款为工厂提供产品或服务。对于一些化工企业或其他大规模的制造型企业，都会广泛采用承包商的服务，因为这样可以有效地降低企业的人员成本，而且对于一些大修和大型的改造项目，必须依靠承包商的运行。但在企业享受承包商的服务和产生效益的同时，企业也面临着如何有效管理好承包商的问题。

承包商的员工是工厂生产活动的一个特殊群体，他们以独特的方式来协助工厂完成生产目标，同时各个承包商又有他们各自不同的管理风格和企业文化，这样对企业和工厂来说，无疑是一个巨大的管理挑战。因此，企业或工厂应该有自己的一套管理办法，以加强对承包商的管理，从承包商的选择、合同签订、作业前准备、培训、作业过程监督、绩效评估及信息沟通和反馈等方面进行系统的管理，保护企业和承包商双方人员安全和健康，控制承包商在生产经营场所内的活动风险，避免事故的发生。如图 12 - 1 所示。

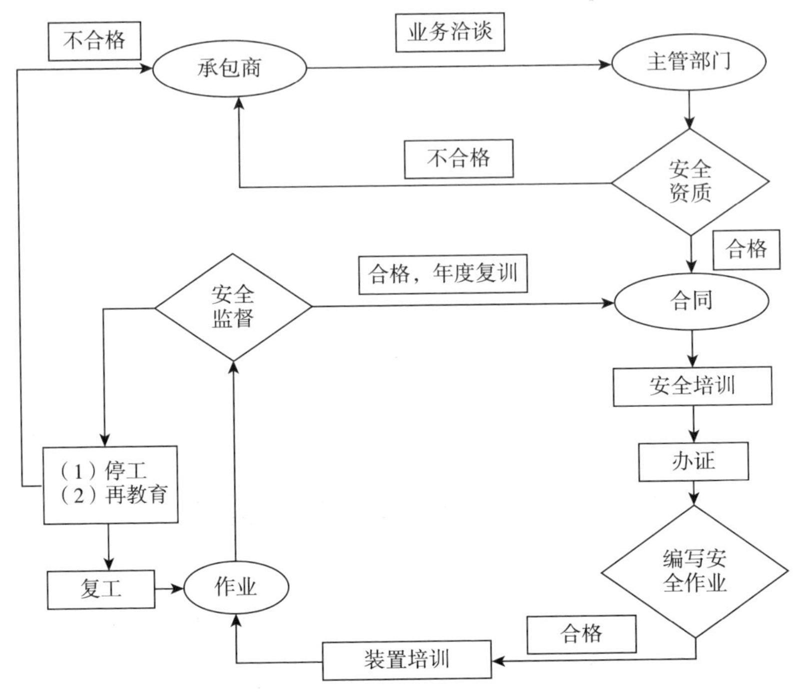

图 12－1　承包商管理流程图

资料来源：刘强，《化工过程安全管理实施指南》，P108

在一般的化工企业或工厂，承包商都承担着如新设备安装、工厂改造、日常维护或设备大修、生产操作等各类服务。这些都可以说是一些高风险的作业，事故率都比较高。然而，造成这种结果的因素比较多：

（1）承包商的工作内容往往都有比较大的危害。如设备的大修：一般都存在着拆卸、吊装等工序，比较重型的设备在此过程中容易因为一些小问题，导致安全事故的发生。因此，承包商的工作内容往往要求他们高度重视危害分析的重要性，从头到尾高集中度地去关注安全，才能避免在如此高压的工作环境下发生安全事故。

（2）承包商的员工素质、技能都参差不齐，很少接受一些专业的培训和教育。承包商为了降低其人工成本或加大人手，源源不断地承接工程项目，会采用一些完全没有专业技术的人员。这些人员一般都没有经过培训或完全没有安全意识，就直接输入到企业或工厂里上班，甚至上岗作业。这些缺乏实际作业经验的人员，往往是意外发生频率较高的直接原因。

（3）承包商的区域“转移度”过于频繁与迅速。他们往往为了收益，不断地接收新的工程项目，然后不断地排进他们的计划中。一个项目完成后立刻转移到另一个项目，或一个工厂的项目完成后马上转到另一个工厂的项目上，项目与项目之间的差异度，以及区域与区域间的差异度很大，往往会令他们一直在适应新的环境并摸索新的设备。这种处于表面的适应与了解，容易让他们懈怠，对工厂或工艺装置存在的特殊危害缺乏足够的了解与认知，进而更容易发生安全事故。

（4）承包商的责任人和员工的安全意识都不强，心态比较随便，做事不够严谨。承包商会鉴于成本问题，一些需要配备的安全物资或安全措施可能比较缺乏，或者配备一些比较低端的安全保障物品。这样，员工在进行项目施工时，所做的保护就不到位，出现问题时，安全保护措施起不到应有的作用。

而对于员工，由于责任人的态度及自身的素质不高等问题，导致他们可能完全没有为自己的安全着想，不断地向责任人妥协，做出一些高危的事项，这样比较容易出现安全事故。承包商的法律意识不强，出现事故时，他们与企业或工厂在界定责任的时候，责任不清或互相推诿的情况比较多。承包商的责任人会有侥幸的心理，自认为企业或工厂会对安全风险进行监督与管控，甚至在出现事故后也会有相应的企业或工厂承担责任，进而导致承包商没有全力以赴地保障员工的安全与监督员工做足安全措施。

针对上述承包商的特点，企业或工厂应该制定完善的《承包商管理规范》，对承包商从选定开始到项目的实施完毕并验收，做一系列的、全方位的安全管理。在承包商加大对安全的投入力度的同时，企业或工厂也要积极配合承包商的具体工作与安全措施的落实，做好监管的角色，与承包商一同分享与回顾安全信息、开展安全宣贯工作，提升承包商责任人与员工的安全意识，共同创造安全的施工环境与工作行为习惯。

2. 承包商管理的任务/内容

企业或工厂，应该根据承包商作业的风险，制定相应的管理程序或制度。一般情况下，承包商的典型管理内容包括：

（1）承包商的准入管理。主要是对承包商的业务资质和安全资质进行审核。承包商的这两个方面的资质审核，不仅仅是经过主管部门审查即可，还需要经过安全部门对其进行安全、健康和环境资质审查，待企业或工厂这些部门都对承包商的资质进行审查通过后，再报主管领导审批。只有经过了重重的严格审批合格后，该承包商才能列入企业或工厂的承包商名录里面，才能正常进入企业和工厂的管理与管控中。

对于一些只提供临时服务的承包商，经审批后发放的临时承包商安全许可证，仅限当次服务使用。对于长期服务的承包商，经审批后可以发放长期承包商安全许可证，但证件上必须按照项目的进度和计划时长制定有效期限，超过期限了必须让承包商进行重新延期申请审批才能继续使用。对于国家有相关资质规定的承包商类别，承包商应取得国家规定相应的从业安全资质证书，建立安全管理机构，并配备不少于一定比例的专职安全管理人员，工程技术人员要达到其资质规定的数量要求。如表 12 - 1 所示。

表 12－1　承包商要具备的业务和安全资质材料清单

资质类别	主要材料
业务资质	a. 承包商准入审查表 b. 有效的企业资信证明（如有效营业执照、单位法人登记证、社会团体法人登记证、法定代表人证明书、税务登记证、组织机构代码证、银行开户许可证、开立单位银行结算账户申请书） c. 企业资质证明（如施工资质证书、特种作业证书、安全生产许可证） d. 其他应提供的资料（如近期业绩、项目成果、企业或工厂需要审查的其他资料和内容）
安全资质	a. 承包商安全资质审查表 b. 安全环境资质证书（如安全生产许可证、危险废物处置资质和本企业取得的职业安全健康管理体系认证证书、环境管理体系认证证书等） c. 主要负责人、项目负责人、安全生产管理人员经政府有关部门安全生产考核合格名单及证书 d. 企业近两年的安全业绩（包括施工经历、重大安全事故情况档案、事故/“三违”事件发生率及原始记录、安全隐患治理情况档案） e. 安全管理体系程序文件及有效评审报告

在对承包商的资质审核中，安全资质的审核是一个比较重要的环节。它应该是企业或工厂在对承包商进行筛选进入到投标环节中，就开始对此方面的内容进行了解。对承包商的有效安全管理应该是始于招标阶段的，但往往在投标的时候，双方都把这个问题的重要性忽略了，甚至是完全没有把它考虑在招标的内容上。这导致承包商在投票时就不对工厂的安全要求有所了解，更不用说后期在开展项目实际工作时达到企业或工厂的安全要求和标准了。

所以，在招标时，企业或工厂就应该对承包商说明自己对安全的要求，以及企业或工厂在招标的过程中就要对各个承包商的安全管理能力和管理系统进行评估，在安全资质上就要选择一个安全管理系统健全、安全绩效满意的承包商。或者是把安全的评审作为第一道门槛，只有通过安全评审并达标的才能作为候选承包商进入下一轮商务竞标。从源头上把一些安全管理不达标的承包商在前期就筛选出来，提高承包商的选用质量。对承包商进行安全资质的预审，有助于选择更容易达成安全目标的承包商来完成工厂的建造、新项目的建设及维修作业等，也有助于承包商完善自身的安全管理系统，并了解工厂安全作业相关的要求和标准。企业和工厂可以参考下面的预审资料清单，根据自身的要求设定一定的考核比例，进行高低分评选来作为最终选择承包商的依据。如表12－2所示。

表12－2　承包商安全资质预审资料清单

承包商安全资质预审资料清单
1. 如果与本企业或工厂有过合作的，请提供历史及安全绩效 2. 各候选承包商管理层对于安全工作的认知、认可和承诺 3. 提提议的现场管理人员的履历 4. 候选承包商最近三年的安全生产记录 5. 其他工厂的反馈意见（可咨询其以前服务过的工厂） 6. 候选承包商的安全与健康管理系统或计划 7. 候选承包商的员工培训制度及执行情况 8. 候选承包商的员工个人安全用品的发放和使用情况（可以实地考察正在服务的企业或工厂） 9. 候选承包商的主要工具与设备的使用、维修和管理状况（可以实地考察正在服务的企业或工厂） 10. 所取得的安全作业资质和许可证（可以实地考察正在服务的企业或工厂） 11. 政府或行业的安全奖励、惩罚、通报或者起诉 12. 候选承包商的内部安全监督、审计和事故报告制度

（2）承包商进场后，针对作业过程可能涉及一些管理规范与要求；在设备和工具上，承包商要针对作业过程中所涉及的设备和工具建立管理程序。明确现场需要做定期检查的设备清单及检查内容，对现场的设备和工具做好标识管理，对于维修与日常维护的设备做好要求与操作说明，并说明设备在退场时应走的流程和相对应的工作。对于特种设备或现场安装的起重设备，必须取得政府有关部门颁发的使用许可证后方可使用，操作人员必须严格规定是取证、培训上岗作业的人员。

总之，施工现场所用的工具与设备都必须有详细的清单，如在施工过程中需要对设备进行更换与维修，做好相应的记录。对于人员的管理，承包商往往都是根据施工的范围，以及工程量配备一定数量的人员在现场施工，以确保项目进度。因此，现场范围内的人员管理如何进行？如何与生产现场的人员进行区分？是承包商乃至企业和工厂的一个重要管理问题。承包商和企业或工厂会联合形成一套管理规定。企业或工厂要对进出的施工人员进行身份确认并予以登记，按企业或工厂的管理要求配备合适的安全劳保用品（如蓝色安全帽代表外来施工人员），用于现场与企业或工厂的员工作为目视化区分的依据。承包商的员工在现场也要按照企业或工厂的安全劳保用品的穿戴要求，做好个人的安全防护工作。为了使工厂的管理人员与承包商的管理人员对现场人员进行监管，承包商的人员还需要配备一些该承包商所要求的一些用于区分的标识，双方才会在日常的安全管理上做到相互监督与指导。如表 12－3 所示。

表 12－3　××企业“临时外来相关方及人员安全须知及承诺书”

外来相关方及人员安全须知及承诺书

尊敬的来宾及供应商，为了您在企业/工厂内的安全，请遵守我公司的下列规定及要求，谢谢！

一、厂区内行为要求

1. 厂区内任何地方严禁吸烟和无审批明火
2. 随手扔垃圾在本公司认为是不可容忍的行为
3. 严禁穿拖鞋、短裤、背心进入公司，严禁穿凉鞋、高跟鞋、钉鞋或露趾鞋进入生产车间、仓库或实验室以及施工作业场所
4. 无特殊批准，严禁使用公司设施
5. 无公司批准，严禁在公司内拍照
6. 任何人不得在生产车间和仓库内接听或拨打移动电话
7. 外来车辆和设备不得在本公司厂区内进行检查维修作业
8. 行人请走通道桥人行道，禁止走叉车道
9. 河涌上的叉车通道桥仅限本公司叉车使用，非特殊允许，其他任何车辆不得通行
10. 外来车辆和人员非经许可不得进入车间和仓库。车辆沿厂区道路行驶速度不超过 10 公里/小时

续表

11. 相关方在厂内进行施工作业时，施工人员不得在施工区域外随便走动 12. 必须遵守公司其他的规章制度和要求 **二、许可作业** 1. 所有动火作业、高处作业、局限空间作业、临时用电作业和动土作业，在作业前需经公司相应主管部门进行审批 2. 外来相关方需进行上述许可作业，应和本公司该项目负责人联系，项目负责人协助办理上述许可作业证 3. 进入本公司的工程施工人员，在施工区域内必须佩戴安全帽，进行高空作业必须系安全带 4. 相关方在作业期间，必须确定项目的安全负责人，对项目的安全施工负全面责任，做好施工期间的安全防范措施。听到火警警铃响起，应紧急停车，不允许使用电梯，由安全负责人负责疏散至厂门事故疏散点集合 **三、处罚** 承包商就双方签订的《项目安全环保施工协议》内容对厂内施工人员进行教育，承包商雇员违反厂内禁烟禁火规定，一次将给予罚款500元的处罚，屡犯及行为性质严重将撤销其临时作业证，不允许其在我公司内继续作业，同时处罚施工队1000元罚金；施工人员违反甲方厂纪厂规经警告后再次违反的处以1000元/人次罚款，屡犯不改撤销其临时作业证，不允许其在我公司内继续作业，并罚款2000元/人次。其他要求和合同约定或公司规章制度一致。如因承包商违章违纪造成的安全事故，责任由承包商完全负责 申明： 我已阅读和理解“外来相关方及人员安全须知”。我将遵守所有规定防止发生意外。我清楚知道，如果我有违规行为将被请离公司。我将承担一切因我自身造成的后果。 公司：____________________ 签名：__________ 日期：__________ 施工单位负责人联系电话：________________________

在项目施工前，项目施工方案中要明确项目的施工人员组成（项目负责人、各专业负责人等）及其联系方式、技术方案（项目进度安排、关键技术预案、重大施工步骤预案等）、应急预案（安全总体要求、施工危险因素分析、安全措施、重大施工步骤应急预案等）及整个项目中，项目各阶段或工段的清单、与企业或工厂间各自的职责、相互关系等。企业或工厂按项目进度定期与承包商进行沟通与总结，把过程中出现的进度与安全问题进行及时的沟通与纠正，以确保项目进度按

计划进行并安全地持续下去。

企业或工厂的危害告知和安全培训，是预防安全事故的发生最重要的一个环节。企业或工厂应该在承包商进行作业前，要把施工有关的安全技术要求向承包商作业人员做出详细的说明并形成文稿，双方签字确认，未经安全技术交底的，切勿进行作业。进行安全技术交底，可以细化、优化作业方案，作业技术方案编制过程中统筹设计安全方案，始终将安全放在第一位。使作业人员了解和掌握该作业项目的安全技术操作规程和注意事项，减少违章操作，避免作业过程发生事故。针对作业要求，企业或工厂应对承包商作业方案和作业安全措施进行审查、细化和补充，告知承包商与作业相关的泄漏、火灾、爆炸、中毒窒息、触电、坠落、物体打击和机械伤害等危害信息，保证作业人员的人身安全。

安全培训上，工厂需要建立一套承包商培训和再培训的管理办法，以确保所有进入工厂工艺区域作业的承包商员工在正式工作前，都接受过必要的安全培训并通过相关的考核。按照工程项目的需求，有针对性地安排安全培训，有助于他们了解工厂安全规章制度，如作业许可、能量隔离和受限空间作业等相关规定；能更好地了解与作业相关的工艺单元的危害，如工艺系统存在的易燃物料、高压设备等；能更好地让承包商明确自身在作业过程中可能存在的危害，如工艺区域内进行蹲作业和动火作业的危害；培训内容还会涉及一些紧急情况的处理程序与制度，可以让承包商清楚地了解异常、紧急情况的处理流程、事故、未遂事故与不安全状态/行为的报告程序与应急处理预案等。如表 12 -4 所示。

表 12 -4　承包商员工的入厂安全培训内容

安全培训要求类别	安全培训要求内容
工厂基本的安全要求	a. 个人的安全责任，强调严格遵守工厂安全规定的重要性 b. 基本作业安全和作业许可证制度

续表

安全培训要求类别	安全培训要求内容
工厂基本的安全要求	c. 应急反应程序，包括紧急情况时的报警、紧急集合点和紧急集合的要求
	d. 事故（含未遂事故）的报告方法，以及如何获得医疗急救服务 e. 化学品储存和使用的管理规定 f. 车辆使用和停泊的规定 g. 保安制度，如进出工厂和工艺区域的控制 h. 个人防护用品的使用要求 i. 个人日常生活的规定（生活作息和吸烟等） j. 其他事项
作业现场的安全要求	a. 作业现场潜在的化学和物理危害 b. 工艺系统存在的危害 c. 作业许可证的要求，特别是对动火作业的要求 d. 能量隔离和进入受限空间作业的要求 e. 应急反应的方法，包括工艺区域、车间和建筑物等处的紧急逃生路线 f. 与工厂现场操作人员协商作业的程序或要求

除了常规的安全培训外，如果承包商员工还会参与工厂的生产操作或维修作业的，还需要安排他们接受相应的生产操作和维修作业。如果承包商或分包商的人员需要离开工厂一段时间的，当他们在超出规定的期限（如6个月）后重新回来的，则需要重新接受规定的培训后，才能再次进入工厂现场执行作业任务。如果条件允许，工厂还可以印制安全手册或安全作业指南，分发给所有的承包商员工。为承包商的员工提供工厂相关危害和安全作业程序，有助于减少伤亡事故，包括减少承包商员工的误工事故，工厂也能从中受益。更重要的意义在于，给予承包商必要的培训，有助于避免灾难性的工艺安全事故。

（3）对承包商作业过程的控制，特别是在现场作业风险管理上。当有承包商员工在工厂范围内从事作业活动时，工厂需要建立相关的制度，限制他们进入与作业无关的工艺区域。一般情况下，承包商员工的活动范围都会在现场做项目交接时做出明确的规定，仅限于相关的作业区和其他非控制区域。工厂可以对承包商员工的活动区域进行物理措施或行政手段的隔离。如物理措施可以是采用铁丝网围栏将关键工艺区域包围起来的形式，或防止非授权人员进入关键工艺区域。而行政手段可以是利用进厂登记与通行证的方式，在承包商员工接受培训并考试合格后，工厂发放相应的通告证，凭通行证，持证人员才能进入规定的区域，不能进入其他受限的区域。或以不同颜色的通行证来区分承包商员工与工厂员工的通行证，用于现场所有人员的身份监督。

在整个作业过程中，企业或工厂都有权利要求承包商对每一项比较大的工程项目阶段进行完整的作业危害分析，分析结合工厂的一些现实状况，识别不同阶段性的施工的一些潜在危害，有针对性地制定一系列预防与整改措施，确保在施工过程中不会因为潜在的风险未被识别而造成安全事故。对于因施工要求，需要开具动火作业、进入受限空间作业、带电作业、管路断开作业等操作的，需要知会工厂安全方责任人，由工厂方开具相应的作业许可证，并安排相应的监督人员，而承包商也需要按工厂方的规定，做好相应的安全工作与保障措施，作业许可证需放置在作业现场显眼的地方，以便对作业现场进行安全检查与管理。

工作完成后，承包商需要及时将作业许可证返还给工厂相关负责人。而承包商进驻施工现场使用的一些化学品，对其物品类别、性质、数量等都要有清单进行管理，对于一些易燃易爆、有毒和腐蚀性的化学品，确认承包商已经采用了妥当的存储方式，并配备了必要的应急处理设施，工厂相关的负责人还需要向承包商索取化学品的安全技术说明书（MSDS）。在项目施工现场，承包商的现场管理人员负责监督管理其员工在现场的作业，工厂的任何员工都应该主动监督承包商的员工，及时报告他们的不安全状况或行为。如表 12－5 所示。

表 12－5　工厂员工对承包商的日常作业检查内容

1. 作业许可证制度的执行情况，如动火作业、能量隔离作业、受限空间作业、高空作业等 2. 承包商员工是否正确使用工具和设备，是否在工艺区域内使用不合格的工具或设备 3. 承包商是否安全地储存、使用和处理各类带入现场的化学品 4. 重大危害作业的控制。对于存在重大危害的作业活动，如在工艺设备上方吊装作业和在工艺区域内的动火作业，是否事先完成作业危害分析并落实危害控制的措施 5. 个人防护设备（用品）情况。承包商是否向他们的员工提供必要的个人防护设备、是否给予必要的培训、员工是否懂得正确使用这些防护设备或用品 6. 作业场所情况。设备、材料等是否整齐堆放；作业现场有没有散乱的作业工具、材料或化学品 7. 承包商是否定期开展内部的安全会议；是否定期与工厂相关责任人汇报项目进度，以及安全问题的执行与整改进度

（4）定期与承包商进行项目与安全问题上的沟通。承包商在现场作业的过程中，出现事故、未遂事故等不安全的状况都需要及时向工厂管理人员或安全管理人员报告。工厂需要鼓励承包商及时报告事故或未遂事故，以便及时吸取教训和采取事故防范措施，防止造成事故或发生类似的事故。这是一个双向的沟通过程，工厂时刻与承包商保持良好的沟通，有利于承包商了解工厂的安全要求，也有利于工厂管理层及时了解承包商作业过程中的实际安全状况。

一般情况下，工厂与承包商的沟通都采用以下几种方式：

a. 书面资料或电子邮件；

b. 招、评标阶段的相互了解（工厂可以通过实地考察了解承包商的安全管理工作，承包商也可以了解工厂的安全要求）；

c. 安排承包商参加安全培训；

d. 定期召开安全会议（每日、每周或每月的安全会议）；

e. 执行作业许可证制度；

f. 不定期对承包商的管理人员开展联合安全检查；

g. 承包商按照事故报告程序，向工厂相关负责人报告发生的事故、未遂事故和不安全的状况。

（5）承包商的安全绩效评估。工厂需要定期评估承包商的安全绩效。对于长期使用或项目周期较长的承包商，可以开展周期性的评估，比如每年进行一次。

对于短期项目的承包商，可以在中途或项目结束时对安全绩效进行评估。对承包商的安全绩效进行评估的重要标准，是工厂与承包商事先认可的安全目标，该目标包含可以量化的指标，如死亡率、可记录事故率、误工率、急救和未遂事故的数量等。安全目标管理的确定需要参考工厂本身的综合安全目标，将承包商的实际绩效与其安全目标进行比较，就可以掌握承包商的安全状况。除了一些实际的评估绩效的指标外，工厂还需要评估承包商管理层是否有良好的对待安全的态度、是否切实履行了职责。判断、评估承包商管理层是否达到上述指标，可以从以下几个方面对其进行考察：

a. 是否给予了员工必要的培训，帮助他们掌握安全作业的程序和原则、与他们作业相关的危害及工厂的应急反应；

b. 是否对员工的培训记录保存完整并定期回顾更新；

c. 是否经常教育员工，使他们遵守工厂的安全规定和制度；

d. 是否鼓励员工及时报告作业过程中发现的危害；

e. 如果该承包商存在分包商，是否有效地管理了分包商的作业。

第十三章

Chapter 13

机械完整性

1. 机械完整性的重要性及其检查表

机械完整性是针对工艺设备投运后，在使用、维护、修理、报废等各个环节中始终保持设备符合设计要求、功能完好、无故障运行的管理过程。机械完整性常常表现在震动、温度、间隙、松紧、位移、颜色、跑冒、滴、漏、抖、声及相关工艺安全管理信息与技术资料是否及时更新。

企业的机械完整性管理的好坏，可以反映出现场操作和维修人员对技术标准的掌握程度，以及专业工程师的现场审核力度；也可以从另一个方面反映出设计、物资采购、施工过程管理及工程验收中质量管理的缺失和不足。因此，机械完整性问题是员工直接面对的安全问题，直接关系到员工的健康与生命安全。机械完整性管理的重点是防止危险物料的灾难性泄漏或能量的突然释放，以及保证关键安全系统和公用系统的高可用性和高可靠性，以消除或减轻此类事故的危害。

机械完整性管理的目的主要包括：

（1）提高设备可靠性来改进设备可用性；

（2）减少引起安全和环境事故的设备故障；

（3）提高产品一致性（稳定性、质量、产量……）；

（4）提高维修的一致性和效率；

（5）减少非计划维修时间和支出；

（6）降低运营成本；

（7）改善配件的管理；

（8）改善承包商的业绩；

（9）遵守政府监管和企业要求的法律法规及公司规范。

通过机械完整性管理，可以正确地设计、制造购买、安装、操作和维护设备。在机械完整性管理过程中，可以通过制定确定的标准，清楚地确定哪些设备属于机械完整性的管理范畴。当设备出现缺陷时，员工可以自动识别机械的缺陷并快速做出处理，并针对具体的缺陷与问题点，优化资源的分配来进行完善的管理，使其不引发事故，进而确保执行检测、测试、维护、购买、制作、安装、拆除和再安装设备的相关人员受到良好的培训，并能熟练使用这些作业活动的操作规程。

执行机械完整性管理是在合理的时间内，确保落实设备的检查维修及保养，预知设备的运转状况，及时对设备进行改善和维护，确保设备安全可靠运行，减少引起安全和环境事故的设备故障，降低企业的生产运营成本。机械完整性管理至少应包括设备选择、检查、测试和预防性维护、设备完整性培训、设备完整性作业规程、质量保证、缺陷管理和持续改进等要素，其他内容可以针对企业的规模或具体要求进行补充和完善。如图 13－1 所示。

设备选择是将某些特定的设备纳入机械完整性的管理范畴，可以是根据企业或工厂的设备，或由工艺危害分析明确要求的设备；或是一些含有有害物质（易燃物、易爆物、有毒物质和腐蚀性物质）的加压设备；或是保护和减灾系统——火灾探测和灭火，有毒物质泄漏探测器，照明和/或通风设备等；或是安全关键仪器和/或设计的安全仪器系统中的部分仪器等。

在过程安全管理体系中，可以通过设备的检查、测试和预防性维护来满足设备既定的效果和要求，确保设备在整个使用寿命期内能连续安

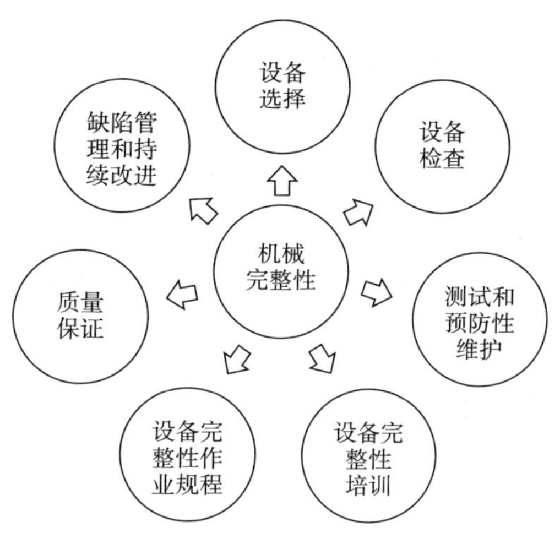

图 13－1　机械完整性包含的 7 大要素

全运行。它要求确定执行整个作业活动的频率和计划时间安排，制定设备管理的维护计划，并对整个计划的执行过程进行监控等一系列工作程序与内容，以确保通过日常的检查、测试和预防性维护发挥真正的作用。

企业或工厂通过对员工进行设备完整性培训，可以让他们了解开展维修作业所涉及工艺的基本情况，包括存在的危害和维修过程中正确的应急应对措施；有利于员工掌握作业程序，包括作业许可证、维修、维护程序和标准要求；也有利于熟悉与维修活动相关的其他安全作业程序，如动火程序、变更控制程序等；让相应的检测和测试人员取得法规要求的资质。

设备完整性作业规程实质是把设备完整性管理体系制度化，它包含规程开发、指南发布及修改说明，还涵盖标准与工厂规程偏离的说明。针对特种设备、安全设施、电气设备、仪表控制系统、安全联锁装置等要建立健全并实施预防性维护程序，确保运行的可靠性。关键设备要装备在线监测系统，要定期监测检查关键设备、连续监测检查仪表，及时消除静设备密封件、动设备易损件的安全隐患。定期检查核动力管道阀门、螺栓等附件的安全状态，及早发现和消除设备缺陷。防雷防静电设施、安全阀、压力容器、仪器仪表等均应按照有关法规和标准进行定期检测检验。对风险较高的系统或装置，要加强在线检测或功能测试，保证设备、设施的完整性和生产装置的长周期安全稳定的运行。针对公用工程，企业工厂要进行系统管理，保证公用工程安全、稳定运行。供电、供热、供水、供气及污水处理等设施必须符合国家标准，要制定并落实公用工程系统维修计划，定期对公用工程设施进行维护、检查。

使用外部公用工程的企业或工厂，应与公用工程供应单位建立规范的联系制度，明确检修维护、信息传递、应急处置等方面的程序和责任。对于动设备，企业或工厂要编制操作规程，确保动设备始终具备规定的工况条件。自动监测套机组和重点动设备的转速、振动、位移、温度、压力、腐蚀介质含量等运行参数，及时评估设备运行状况，加强动设备润滑管理，确保动设备运行可靠。

为了充分实现机械设备的使用价值，在设备的整个生命周期中，都要对机械设备和材料进行完整性质量检测和维护，确保设备、材料及工艺都处于完好的运行状态。如表 13－1 所示。

表 13－1　质量保证涉及设备生命周期的几个方面

序号	质量保证涉及设备生命周期的几个方面
1	设计/施工：工艺的符合性和合理性设计直接影响设备的使用正常度
2	采购：指标、标准的正确，以及材质的质量高低问题，对后续使用与维护起到重要作用
3	制造：设备的整个生产制造过程中，高要求的制造过程能确保设备的标准与设计标准相符合
4	接收：按设计标准进行接收
5	存储和检索：对于设备的信息安全资料做好存储，便于现场操作与维修人员随时调阅，以指导日常的维修与保养
6	维修、改装和再定级：维修点的确认与维修技术的高低直接影响设备的连续使用与寿命长短；改装与再定级根据设备的设计原理与负荷程度进行变更，再确认设备的运行风险，有利于不断完善与提升设备的使用效率

续表

序号	质量保证涉及设备生命周期的几个方面
7	建筑和安装：按要求与标准对设备进行辅助器材的建造，并按整个厂房要求对设备进行合适的选址安装
8	退役/重用：按标准要求对设备的寿命及重新启用等操作进行系统的评估
9	旧设备：旧设备如何评估能否使用？日常的旧设备管理需要关注与维护的重点，制定相对应的程序进行管理

成功的设备完整性方案应该包括识别和应对设备缺陷的有效方案，企业或工厂可以通过建立定义正确设备性能/条件的可接受标准、定期评估设备状况、识别缺陷的状态、制定和实施应对缺陷状态的正确对策、将设备缺陷告知到所有受影响的人、正确解决缺陷状态，以完善检查和测试方案，进而跟踪核查应对方案的效果等系统流程来有效地管理缺陷设备。

对于设备完整性管理程序，可以从对活动计划进行定期的审核、建立绩效考核系统、从设备失效的事故中吸取教训等，对设备完整性管理程序进行持续改进。

2. 设备的维护与保养

设备部门要掌握全厂所有设备的清单及使用年限，对设备进行分类，制定《设备档案》并针对不同的设备设定不同的维修、维护与保养方案。定期组织对设备进行盘查，以确保在工厂内没有因为登记不及时导致的维护不到位的设备存在。按《设备管理制度》，每年最后一季度根据设备清单及年度生产计划，与生产计划人员制定《年度设备维护与保养计划》并签批发行，每到达计划时间提前两周与生产计划人员确认准确的操作时间，以避免大范围地影响生产与交付。另外，日常的设备维护与保养工作，除了设备专业人员的监控外，还需要组织生产车间员工共同投入到设备维护与保养工作中，定期对他们讲解设备知识及维护保养技巧，做到全员参与。这也正是当前大多数工厂所使用的TPM（Total Productive Maintenance）的最终目的。设备使用单位应编制设备维修保养规程，规程编写依据设备操作手册和工艺操作要求，按照公司统一规范格式及内容编制。

设备维修保养规程要具有可操作性，应由有实际操作经验的操作人员编写及更新，并按照分组审批的原则进行审批和发布。同时，还需要按照实际的操作经验及时更新，必要时可制定更新程序。使用单位对更新后的维修与保养规程，应及时与维修保养人员进行沟通、培训，维修保养规程需要配备到各相关岗位。而设备维护人员要明确分工、密切协作，共同做好设备维护与保养工作。严格执行巡回检查制度，定时按巡回检查路线对所管设备进行检查，并主动向操作运行人员了解设备运行情况，及时发现和处理设备缺陷及隐患，对查出的设备问题要及时上报，并做好记录。采用先进的仪器（如测振器、测厚仪、转速表、测温仪等）对主要设备进行点检。如图 13－2 所示。

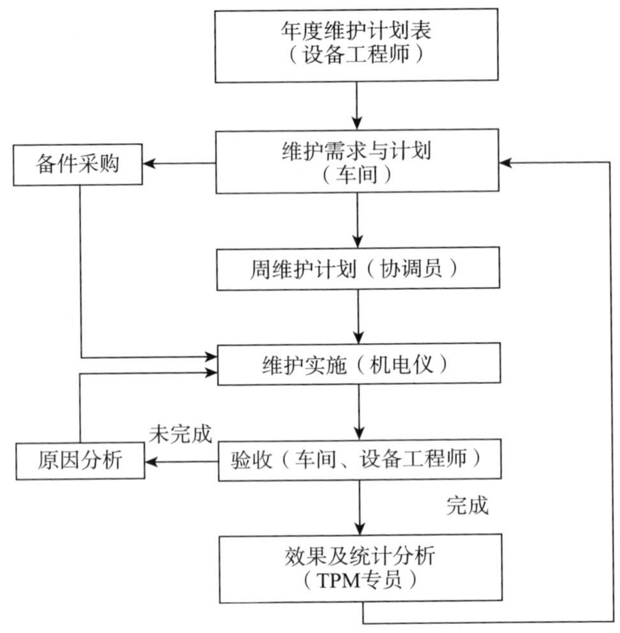

图 13－2　某化工企业年度维护计划实施流程图

对于特种设备来讲，企业或工厂可以建立特种设备管理信息系统。在系统中完成检验计划的制定、上报和审批等事项。而设备管理部门应组织特种设备检验方案的审查。使用单位组织特种设备检验计划的实施，及时索取检验报告，审核检验结论。在特种设备的检验前，责任部门就需要完成检验方案的编制、审核和审批工作，整个检验工作应委托有资质的专业检验队伍、施工配合队伍进行；在检验过程中，相关的责任部门或使用人员要进行检验中的过程监控，使用部门要安排有一定特种设备技术管理经验的人员，加强检验过程的监督和检查，做好检验工作；如果在检验过程中发现需动焊修复或需通过评定方可投入使用的缺陷，及时向设备主管部门报告，按规定程序做好处理工作。

对检验过程中发生的有关检验质量问题要及时协调，严格执行检验合同；企业或工厂要及时向检验单位索取检验报告，并与相关部门审核检验结论，将特种设备检验报告结果输入特种设备管理信息系统。对于安全等级评定、下次检验时间有疑问的，要及时向检验单位反映。

设备的检查维修按等级可分为设备大修、项目修理及等级保养三个等级：

（1）设备大修是指设备达到设备维护手册所规定的大修时间，或设备存在严重缺陷，经主管部门批准，可适当提前大修。一般情况下，每年年底都根据设备技术状况及实际生产情况，编制下一年度的设备大修计划，计划经相关部门审批后下达执行。大修设备必须由修理厂家编制设备大修方案，经技术交流并签字确认后，由用户按照招投标管理相关程序组织招标或议标。参加大修项目招标或议标的厂家，原则上必须是取得机修资质的。设备大修过程中，用户应派技术人员监修，监督关键环节的维修质量，跟踪整个维修进度，记录零配件更换的情况，并做好记录。更换后的主要零配件应妥善保管，以便于作为设备验收的依据。设备大修后的验收包括性能验收和资料验收两个方面：性能验收是指对修复后设备恢复原有性能和出力的验收；资料验收是指修理完成后对大修设备过程中所有产生资料的验收。如表 13－2 所示。

表 13－2　设备大修后验收内容表

性能验收内容	资料验收内容
a. 设备检修质量达到规定标准 b. 消除设备缺陷 c. 恢复出力，效率得到提高 d. 泄漏现象得以消除 e. 安全保护装置和自动装置动作可靠，主要仪表、信号及标志正确 f. 设备现场整洁，保温层完整	a. 设备大修的技术协议 b. 修理合格证 c. 设备大修报告 d. 设备大修验收单

（2）设备大修是以恢复设备性能为主，设备项目修理是指设备遇到突发故障造成损坏所进行的恢复性维修和设备出现故障趋势时所进行的预防性维修，或因不满足工艺要求等所进行的改造性维修。它应该由承修方按照委托方要求编制修理方案并通过审批。修理单位对配件、材料及机具提出详细要求。承修方应按检修规程实施检修，修理过程中应填写相关记录，修理单位应对修理关键环节实施监修。修理完成后，由修理单位设备工程师组织修理设备的投运，大型设备应由使用单位编制投产试运方案，修理单位设备工程师在修理完成后应对设备修理进行分析、总结，并进行经验分享。

（3）设备等级保养是指按照设备操作维护手册要求所进行日常设备维护与保养。在各生产区域内，每个不同的设备设有日常维护保养记录表，表上注明保养的方式与频率，区域负责人或班长根据要求按频率对设备进行合适的保养方法并做好相应的记录。如果在保养过程中发现问题就及时向设备工程师报告，设备工程师负责对保养工作进行检查。如表 13－3 所示。

表 13－3　设备一级维护保养检查表

单位：

设备编号	设备名称	表面擦拭	加油润滑	固件松动	安全装置	放气排水	保养人	保养日期	备注
说明：该表用于车间设备一级维护保养（日常保养）。班前、班后由操作工认真擦拭各部位，检查设备润滑状况。使设备始终保持整齐、清洁、安全。班中发生故障，及时给予排除，不能排除时，及时报告上级和专业维护人员，并认真做好记录。									

对于企业或工厂而言，设备维护与保养需要着重做到以下几点：

（1）建立装置泄漏监（检）测管理制度。企业或工厂统计和分析可能会出现泄漏的部位、物料种类及最大值，定期监测生产装置动静密封点，发现问题时及时处理。定期标定类泄漏检测报警仪器，确保准确有效。在加强防腐蚀管理，确定检查部位，定期检测，建立检测数据库。对于重点部位要加大检测检查频次，及时发现和处理管道、设备壁厚减薄情况。定期评估防腐、工艺防腐的管理水平。企业或工厂还可积极使用停工大修进行全过程的腐蚀状况检查与评估，根据需要及时核算设备剩余使用寿命。

（2）制定设备腐蚀风险管理程序。腐蚀除了对设备本身的寿命造成影响外，还会产生一定的工艺安全风险，还会对生产制造过程中的产品造成质量风险。因此，企业要做好应对腐蚀的措施，加强对防腐蚀的药剂管理，做好防腐措施效果评价，提高涂料防腐、工艺防腐的管理水平。企业或工厂可利用仪式大修进行全过程的腐蚀状况检查与评估，根据需要及时核算设备剩余使用寿命。在日常的维护与保养过程中，把防腐工作列入日常设备维护与保养的重点项目中，按要求与频率进行，让车间的员工时刻做好相对应的防腐工作，

（3）建立健全电气安全管理程序。企业应组织编制电气设备操作、维护、检修等管理规程，并检查执行情况。定期组织开展企业或工厂电源系统安全可靠性分析、风险评价和电气设备状态评估工作；定期组织电气专业人员进行仿真培训，确保电力系统及电气设备的安全、可靠、稳定运行。企业或工厂还需要制定危险场所防爆电气设备检查和维护管理措施。

（4）建立化工过程自控联锁安全管理和定期维护程序。企业或工厂要加强自控联锁保护系统的设计、施工和运行过程中的管理。新建装置或装置大修后联锁保护系统的制胜和长期信用的联锁保护系统恢复使用，必须进行检查确认。联锁保护系统停运及变更，应建立专业会签和技术负责人审批程序。停用联锁保护系统必须报经企业主管部门审批，并制定防范措施。

（5）定期开展安全仪表系统安全完整性等级评估。企业要在风险分析的基础上，确定安全仪表功能及其相应的功能安全要求或安全完整性等级。按《过程工业领域安全仪表系统的功能安全》（GB/T 21109）和《石油化工安全仪表系统设计规范》（GB/T 50770）的要求，设计、安装、管理和维护安全仪表系统。

3. 机电仪的安全检查与维护

仪表是一块重大的用于计量的设备范畴，它在制造业特别是化工行业里通常是包含温度表、压力表、液位计、流量计、数显仪等，还有一些具有自动控制、报警、信号传递和数据处理等功能的仪器，比如有调节阀、压力开关、变送器等。日常点检是对仪表是否正常运作的一个监控，每一个仪表都必须制定责任人，负责每天定时对仪表的读数做记

录、对其所处的环境做检查，以确保仪表的正常运行。除此之外，还要按照企业的《仪表管理制度》定期对仪表进行校准，以避免读数不准确。而在整个仪表的使用过程中，还要严格执行“计量体系”的要求，加强对公司员工的计量知识及技术的培训教育，提高计量法制意识，严格计量活动规范，贯彻质量方针、目标和任务。以满足管理的需要，为提高企业的产品经济效益提供可靠的计量检测技术保障。如表 13 – 4 所示。

表 13 –4　××测量设备计量确认记录表

设备名称		设备编号		设备型号	
制造厂家		使用单位		检定单位	
检定日期		有效期至		证书编号	
环境温度		25℃	环境湿度		45%
测量过程的计量要求					
序号	参数名称	测量范围	允许误差	稳定性	环境条件
1	屈服强度	200 ~ 900Mpa	5Mpa	稳定	10 ~ 35℃
2	抗拉强度	200 ~ 900Mpa	5Mpa	稳定	10 ~ 35℃
测量设备的计量特性					
序号	参数名称	测量范围	准确度等级	稳定性	分辨力
1	拉力	0 ~ 100KN	0. 5 级	稳定	0. 0001KN
验证方法		通过对测量过程的测量不确定度评定方法进行确认			
		□准确度比较测量能力指数　□分析测量 □不确定度评定			

续表

确认历史记录					
序号	确认日期	验证过程简述	确认结论	确认人员	审核人员
1					
2					
3					

除了对仪表的准确度进行定期的检查与校准外，还要定期验证仪表的数据传送的及时性与安全可靠性。现场点检的人员，除了日常的仪表的维护与保养外，平常使用仪表读数是做数据记录的，也要定期对数据的趋向性及稳定性做评估分析。对于一些比较明显的数显错误，需第一时间与仪表工程师联系，由仪表工程师用专业的仪器、设备去验证仪表的准确性并对其进行修复。特别是对一些有警报作用或用于生产指导的计量性仪表，更要关注产品的质量问题，试图依据质量结果来质疑与推敲仪表的准确性与可靠度。对于有防爆要求的区域，所采用的仪表需要按要求进行配备，选型及日常维护由仪表工程师提供并由区域负责人进行。对于该区域的仪表出现问题的，仪表工程师要第一时间对其做出适当的处理，避免因仪表的问题引发安全事故。如表 13 -5 所示。

表 13 -5　重点计量设备点检表

类别	工区	名称	压力表检查内容				附件检查内容		检查要求
			表体外观	指针指示 MPa	安装	标签	导压管	球阀	
	A	1 号缓冲罐	√	0	√	√	√	√	
		2 号缓冲罐	√	-0.1	√	√	√	√	
		3 号缓冲罐	√	0.000	√	√	√	√	
		4 号缓冲罐	√	0.000	√	√	√	√	

续表

<table>
<tr><th rowspan="2">类别</th><th rowspan="2">工区</th><th rowspan="2">名称</th><th colspan="4">压力表检查内容</th><th colspan="2">附件检查内容</th><th rowspan="2">检查要求</th></tr>
<tr><th>表体外观</th><th>指针指示 MPa</th><th>安装</th><th>标签</th><th>导压管</th><th>球阀</th></tr>
<tr><td rowspan="26">重点计量设备</td><td rowspan="5">B</td><td>1 号反应釜</td><td>√</td><td>/</td><td>√</td><td>√</td><td>√</td><td>√</td><td rowspan="26">压力表检查：
1. 压力表外壳是否破损、锈蚀
2. 指针有没有弯曲、掉落，表盘刻线和数字、出厂编号等是否清晰
3. 连接接头是否有松动、泄漏
4. 导压管有没有破损，安装是否牢固
5. 球阀是否泄漏，能否全开及全关
6. 校验合格标签是否完好，是否在校验有效期内</td></tr>
<tr><td>2 号反应釜</td><td>√</td><td>/</td><td>√</td><td>√</td><td>√</td><td>√</td></tr>
<tr><td>真空缓冲罐</td><td>√</td><td>/</td><td>√</td><td>√</td><td>√</td><td>√</td></tr>
<tr><td>1 号分散机</td><td>√</td><td>/</td><td>√</td><td>√</td><td>√</td><td>√</td></tr>
<tr><td>2 号分散机</td><td>√</td><td>/</td><td>√</td><td>√</td><td>√</td><td>√</td></tr>
<tr><td rowspan="3">C</td><td>V8302b 真空缓冲罐</td><td>√</td><td>0.000</td><td>√</td><td>√</td><td>√</td><td>√</td></tr>
<tr><td>V8303 真空泵储水罐</td><td>√</td><td>0.000</td><td>√</td><td>√</td><td>√</td><td>√</td></tr>
<tr><td>V8302a 真空缓冲罐</td><td>√</td><td>0.000</td><td>√</td><td>√</td><td>√</td><td>√</td></tr>
<tr><td rowspan="10">D</td><td>2 号釜</td><td>√</td><td>0.363</td><td>√</td><td>√</td><td>√</td><td>√</td></tr>
<tr><td>3 号釜</td><td>√</td><td>0.375</td><td>√</td><td>√</td><td>√</td><td>√</td></tr>
<tr><td>8 号釜</td><td>√</td><td>-0.093</td><td>√</td><td>√</td><td>√</td><td>√</td></tr>
<tr><td>4 号釜</td><td>√</td><td>0</td><td>√</td><td>√</td><td>√</td><td>√</td></tr>
<tr><td>5 号釜</td><td>√</td><td>0</td><td>√</td><td>√</td><td>√</td><td>√</td></tr>
<tr><td>6 号釜</td><td>√</td><td>0.000</td><td>√</td><td>√</td><td>√</td><td>√</td></tr>
<tr><td>1 号水汽蒸馏釜</td><td>√</td><td>0.000</td><td>√</td><td>√</td><td>√</td><td>√</td></tr>
<tr><td>2 号水汽蒸馏釜</td><td>√</td><td>0.000</td><td>√</td><td>√</td><td>√</td><td>√</td></tr>
<tr><td>1 号脱味釜</td><td>√</td><td>0.000</td><td>√</td><td>√</td><td>√</td><td>√</td></tr>
<tr><td>2 号脱味釜</td><td>√</td><td>0.000</td><td>√</td><td>√</td><td>√</td><td>√</td></tr>
<tr><td rowspan="5">公用</td><td>液氮储罐</td><td>√</td><td>0.800</td><td>√</td><td>√</td><td>√</td><td>√</td></tr>
<tr><td>氮气房氮气罐</td><td>√</td><td>0.380</td><td>√</td><td>√</td><td>√</td><td>√</td></tr>
<tr><td>一号消防泵</td><td>√</td><td>0.38</td><td>√</td><td>√</td><td>√</td><td>√</td></tr>
<tr><td>二号消防泵</td><td>√</td><td>0.38</td><td>√</td><td>√</td><td>√</td><td>√</td></tr>
<tr><td>三号消防泵</td><td>√</td><td>0.38</td><td>√</td><td>√</td><td>√</td><td>√</td></tr>
</table>

对于现场的一些通用性的电机及设备，各区域列出清单后，由设备管理部部门统一制定相对应的《设备维护与保养制度》和相应的表格，对设备采取责任到人的方法，经过设备保养技巧培训后由责任人定期对其进行保养并做好记录。对于发生异常的电机及设备等，第一时间与机电仪维修人员联系并在生产现场做出合适的停机维修处理措施。为了方便现场的人员对电机及设备等做好日常维护与保养，以及相应的检查，可以把它做成图文的形式粘贴在现场用于对比与指导。如表 13 -6 所示。

表 13 -6　行吊目视化标准示意图

行吊点检操作标准

设备名称：行吊使用部门：A 车间编制：张三

序号	定点	定标	状态	定法	工具	定期	定人
1	设备清洁	无灰尘异物	停机	看、手触摸	眼 手	1 次/班	操作工 1
2	钢丝绳	无损坏	停机/运行	看	眼	1 次/班	操作工 2
3	电机	1. 运转无异响度、无异味 2. 主机运行两侧轴承温度低于 80℃	运行	耳听 鼻闻 测温仪测量	测量仪	1 次/班	操作工 3
4	行程	看行程完是否安好、顺畅	运行		眼	1 次/班	操作工 4

第十四章

Chapter 14

安全文化

1. 安全文化建设的意义

安全是生活和工作中永恒的主题，是企业发展的基石，是对员工最大的福利。虽然安全对于企业和个人来讲都是一个重要的话题，但是安全问题是一个概率性问题或是一个累积的过程。企业的管理人员和工人看到的直接产生利益关系的是产量或是自身的劳动量，对于安全都普遍存在侥幸心理。因此，“安全”成为企业或员工的口号已成了普遍现象，真正落实到重视安全与解决安全问题的企业或员工都不是发自内心的，导致安全事故还是存在比较高的比例。

但当今安全的法律法规，以及越来越多的事故的发生，给企业和员工一次又一次的警醒，安全的警钟已在企业敲响。他们开始重视安全文化建设，重视安全环保问题、加大安全的投入力度。安全文化建设的投入和建立，是影响企业安全问题与解决安全问题最长久的、最有效的方法。

所谓安全文化建设，就是把安全目标、安全宗旨、安全理念、安全管理哲学和安全价值等安全要素在实践过程中升华、扩散、渗透，为广大员工所认识、认知、认同、接受，并化为全体员工遵章守法、按章作业的自觉行动，在企业里面形成遵章守法、关爱生命的浓厚氛围，指导、约束、规范全体员工的安全行为，努力实现安全工作的持久稳定。安全文化的设立，无论是对于企业还是员工，都有着重要的意义：

（1）安全文化建设有利于安全管理体系的建立和完善。安全文化建设包括物质、制度层和精神层三个层次，把人、机、环境有效地统一协调起来，达到人、机、环境的和谐。安全文化建设强调制度建设及其系统性，它的建立有利于安全规章制度的建立、完善和落实。它可以促使整个安全管理体系中每一个环节所涉及的内容及流程都制度化和流程化，便于现场人员的参考、学习与宣传。如图 14－1 所示。

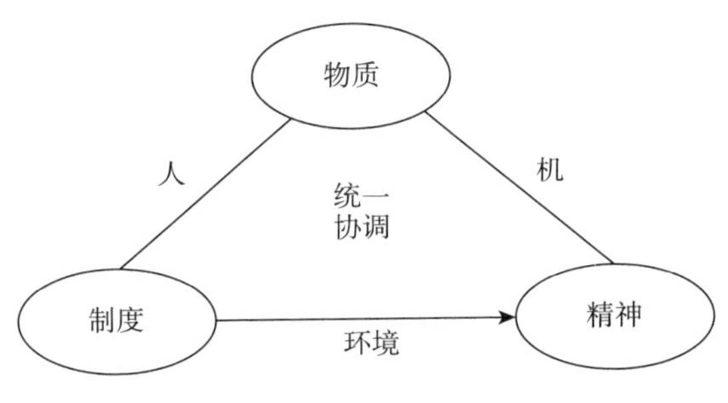

图 14－1　安全文化建设的三个层次

（2）安全文化建设有利于弥补生产力水平不高、技术水平不高存在的缺陷。对于有一定年限的企业来说，设备老旧、人员经验主义较强、员工素质参差不齐、安全意识淡薄、自主安保意识不强、违章指挥与操作时有发生等情况普遍存在。这些问题都是企业所面临的重要的安全问题、相对而言比较棘手的问题，而安全文化建设，可以让员工逐渐从以前老旧的思想与操作模式中解放出来，并在全员的安全意识提升的情况下，一些不安全的行为与思想都会逐步被磨灭，甚至员工在进行安全问题的整改过程中，都能时刻以“安全第一”的理念去操作与实施。对于一些安全隐患较大的安全问题或设备管理问题，做到以精细严实的管理方式弥补技术、设备的内在缺陷，从而有效地解决生产力水平不高、技术水平不高等方面存在的缺陷。

（3）安全文化建设有利于规范员工安全生产行为，营造深厚的安全生产氛围。人不仅仅是安全管理的主体，还是安全管理的客体。在安全生产人、机、环境三个要素中，人是最活跃的因素，同时也是导致事故的主要因素。因此，能否做到安全生产关键在于“人”。能否有效地消除事故，也是取决于人的主观能动性，取决于人对安全工作的认识、价值取向和行为准则，取决于职工对安全问题的个人响应与情感认同。而安全文化建设单位的核心就是要坚持以人为本、全面培养、教育和提高人的安全文化素质，以此来保证符合安全生产的工作规律。

（4）安全文化建设有利于提高企业安全管理的水平和层次，树立良好的企业形象。以前安全管理大部分为经验型与事后总结型，往往在事故发生后才有针对性地进行整改与持续改进。这种安全管理方法不足以在安全事故发生前就把问题点识别出来并加以解决，而是在事故乃至生命财产发生损失后才被重视。而当前讲究的是“预防”二字，必须在日常的安全管理过程中依靠科技和不断提高员工的安全文化素质中得到实现。在这一转变过程中，没有先进的安全文化做指导，安全生产工作就会迷失前进的方向，现代的安全管理模式也不可能真正建立起来。安全文化是一种新型号的管理形式，它有别于传统的安全管理形式，是安全管理发展的一种高级主阶段，其特点就是将安全管理的重心转移到提高人的安全文化素质上来，转移到以预防为主的方针上来，通过安全文化建设来提高员工队伍的素质，树立员工的安全理念，从而增强企业的核心竞争力。

2. 安全文化的建立、实施与推广

安全文化的建立，对于任何一个企业来讲都是一个挑战，甚至可以说是一个企业的沉淀，是企业内部的好风气、好行为的日夜影响的结果。企业在安全文化建设过程中，一定会听到员工的以下声音：

这个是小问题，没事的！先用着，等下我忙完手头的工作再给你修！

漏就漏呗，这里一直都在漏，下面放个桶接着就可以了！

这个温度一直都是这样的，超一点点对生产没有影响！

戴着安全帽好热啊，这里又没有高空作业，不会有东西掉下来砸到的！

表 14 -1　设备主管或生产主管常见问题

作为设备主管或生产主管，你是否常常遇到这样的问题： 设备故障多，检修时间长，影响了正常生产； 有检修计划，但生产任务紧张，设备根本停不下来； 设备部门每天在抢修设备，成为救火队； 维修不能及时，不能彻底，重复的故障多次发生，得不到解决； 操作工缺乏培训，不遵守操作规程，甚至野蛮操作； 设备不清扫，不加油，损坏严重，急剧恶化； 设备故障率高，完好率低，设备综合效率 OEE 不足 50%。

在现实的生产作业或维修过程中，因为安全措施对现场员工造成了一定程度上的不方便或麻烦，导致现场员工容易产生懈怠、侥幸心理甚至厌倦。想要整个企业的员工都对安全意识和观念有所改变，就必须采取相应的措施，无论是生产现场还是员工都必须得到企业对安全方面的大力投入与支持、指导。只有这样，员工才能意识到企业在安全管理工作上的态度与立场，才能定下心去执行企业的安全措施并共同建立安全文化，以身作则去影响他人。从文化建设的过程来看，一个企业从无到有的安全理念与风格，可以从以下几个方面着手：

（1）带动团队。与团队一起参与企业的安全管理体系建设，带动整个团队一起策划与开展一些安全活动，增强员工的安全活动参与感，提升安全管理能力。

首先，在安全管理体系建设中，制定一个全企业一起奋斗的目标，各部门及单位根据目标分解成各自可执行的行动计划与方案。只有这样，全企业才能朝着同一个目标向前，才能众志成城，一心实现全厂的安全目标，提升工厂的运营能力。

其次，针对全厂的安全问题，以法律法规为指导前提，对每一项安全问题都制定相对应的程序文件与操作说明，并制定适合工厂运行的应急预案与措施，使每一项安全操作都有文件可依、流程可循和问题可控。如制定适合全厂的《生产安全事故应急预案》，针对个别紧急异常情况处理的《全厂停电紧急预案》《自然灾害（水灾、台风）紧急处理预案》等，工厂内部正常运行过程中需要用到的特殊安全管控作业指导书（如《局限空间作业》《动火作业》《登高作业》）与日常生产作业过程中用于安全管理的文件（如《劳保防护用品管理制度》《安全教育培训制度》《生产设施安全检维修管理制度》）等。

最后，推动企业的安全管理部门开展一些与安全相关的活动，对于安全活动的内容，可以征询员工的意见，让员工利用日常对安全的理解，或让他们总结一些安全的经验，提出他们的想法。这样，比单纯的出活动方案让员工参与更显得企业重视员工的参与度，更能提升员工心目中对企业的认可度与安全管理的参与度，更容易在员工心目中建立“安全第一、预防为主”的安全意识。

（2）提供资源。安全文化建设的成功与否，很大程度上取决于企业的投入决心和力度。因为安全文化建设是一个系统的工程，也是一个持久的过程，它讲究的是“除旧革新、好的保留，不好的遭淘汰”这个持续的过程。就简单地拿某企业在推行实施全厂人员佩戴安全帽的例子来看：

首先，是企业策划好安全帽的颜色（不同颜色代表不同的人群），并花费大量的资金采购安全帽。

其次，安全管理部门做出佩戴的要求与标准说明，并出具相应的约束方案，甚至是为了达到目的把佩戴安全帽的事项与绩效相挂钩。

最后，定期对安全帽进行更新与检查现场审查佩戴情况。在这个让每位员工都自觉佩戴安全帽的过程中，员工总会有各种理由推搪佩戴，有的理由听上去确实是让你觉得佩戴与不佩戴没有多大的区别，甚至是不佩戴更有利于工作的开展。这就很容易让领导给员工开绿色通道，松口说某些区域的生产作业人员可以不佩戴安全帽。只要口子一开，整个要求佩戴安全帽的行动就会得到瓦解，得不到控制，政策再也实施不下去。

除了这个要坚持外，安全帽到一定年限则需要更新，也是安全质量把关和容易被企业忽视的问题。安全帽的有效期是30个月，但30个月过去之后，帽子看上去跟以前没区别，多半企业为了减少费用的投入，往往不提醒也不主动要求员工对安全帽进行更换，在这个过程中也最容易让人误解企业对安全问题的重视程度及投入力度。因此，安全文化建设是一个持久的过程，任何一个环节都不得懈怠与忽视。

（3）解决问题。安全问题除了要及时发现，更重要的是及时整改与解决，直至问题得到控制和消除。解决问题的方法有很多种，但是怎样才能系统地解决，不仅依靠团队的力量，还需要依靠一些系统的分析方法与工具。

首先，企业可以引进一些经验丰富的人员或专家参与企业的安全体系/系统审查，对现场的审查人员进行系统的培训。

其次，对于审查出来的问题点，由其利用一些安全分析工具进行系统地分析（如HAZOP分析法、事故树分析方法、后分析方法等）并指导现场的生产人员、生产主管、生产经理、技术人员等对风险进行评估，制定相对应的纠正、整改措施，共同去解决现场的一些问题。而对于一些要投入重大措施或资金才能解决的问题，企业的管理层人员应积极响应并加入风险评估讨论中，及时做出相应的决策，避免生产现场人员或生产管理人员对问题存在不确定性而贸然生产。

（4）鼓励指导。无论是安全管理部门还是员工自身，都存在出现安全问题与实际生产作业相冲突时，对于安全问题的决策不自信，或原则、立场不坚定的情况。此时，企业如果是以安全第一作为最高的管理目标，就应该赋予安全管理部门与实施部门权力，对于存在安全隐患的事件都应该以“安全第一”为最高准则，拒绝一切与安全生产相违背的操作。鼓励现场操作人员对不安全的行为勇于说“不”，并且在现场发现不安全的行为时敢于制止并要求其整改。

积极鼓励员工去参与政府举办的一些安全活动，以及安全技术的培训；联系一些安全系统做得较好的企业，让企业的一些安全作业骨干人员到现场进行学习与交流，把别人的好的经验及方法向企业自身转换；制定一系列的激励政策，鼓励员工主动参与企业的安全活动或活动方案的献计与策划；对于现场安全问题点的发现与改善，企业采取虚心采纳并让其成为安全知识向区域乃至厂区宣传的资料，以提高员工的自豪感与主人翁意识等。

企业对安全的管理理念除了要大力鼓励员工参与一切与安全相关的工作外，管理层还要多在企业内部宣传安全的重要性，以及定期向员工进行一些安全管理技巧与安全管理工具的培训。或利用一些近期发生的相似事件组织大家做一次详细的分析，共同挖掘企业与事故相类似的问题点，并加以制定措施解决。这一切都要以企业大力支持“安全第一”的管理理念为前提，通过员工亲身参与安全活动的方式来提高员工的安全意识，进而提高整个企业的安全管理水平，达到企业持久运营的目标。

（5）树立典范。一方面，公司可以以一个标准的模型向员工呈献，员工可以按照模型进行标准化对比操作；另一方面，通过这个方式可以促使员工更有动力去改变现有的问题点，甚至是通过创新力提升现场的安全管理水平。人既是安全工作的实施者，也是监督者。因此，从人这个要素来看，就应该树立一个安全管理工作者的典范。这个典范应该要具备及满足以下条件：

a. 日常的生产作业过程中，严格按要求穿戴劳保用品，这是进入生产区域最基本的要求。对于一些生产作业环境较差的企业或工厂，员工穿戴劳保用品无疑是增加其生产操作难度或人体的感知难受度，导致他们不愿意按要求穿戴劳保用品。只要现场有一个人穿戴不合格，跟风的情况就随之出现。因此，现场的任何一个作业人员都必须严格按要求进行穿戴，不允许出现特例，这是最基本的实现全员做好劳动保护的前提。所以，作为安全典范的人员，这是最基本的要求，也是最难坚持的。但只要坚持下去，就会形成意识并影响他人的行为。

b. 有较强的安全意识与敏感度，面对不安全行为时勇于站出来制止并要求其整改，必要时与其一起寻求解决问题的方法和措施。同时，清楚生产作业区域的所有设施、设备、管道的运作及日常维护计划，在日常的生产作业过程中通过观察能及时发现异常，并对异常情况做出紧急处理，在未确定异常情况被解除前，不允许贸然启动。熟悉生产作业区域的任何一个危险源，定期对危险源进行重新识别与更新，以确保危险源都被识别并被加以重视处理。

c. 清楚地了解企业或工厂的安全管理目标，积极参与企业或工厂举办的安全活动，支持安全管理部门推行的一切提升安全管理的政策，带动员工一起参与。企业或工厂在日常管理中都会制定安全管理目标，由各部门或单位根据自身的条件分解制定相对应的安全管理目标，作为安全典范则应该主动与区域负责人共同制定相对应的行动计划与日常跟踪方案，并在确定目标与行动计划后主动与部门内部人员宣贯并共同制定行动计划表，共同努力实现部门内部的目标。

对于安全部门关于提升日常安全管理水平的政策，应该积极响应并参与，同时对政策的可行性与便利性提出完善意见，便于现场操作人员的参与。在参与过程中，主动与安全管理部门人员多沟通与了解，多向现场操作的员工解说与宣传安全部门所实施的政策的背景与利弊。通过多互动的方式，让身边的员工也能积极主动地参与活动，提升现场安全活动的参与力度与水平。

d. 主动向身边的员工分享其所掌握的安全管理知识与分析工具，常利用工具与员工一起去分析现场的安全事故和类似事故。无论是现场发现的安全问题还是对安全观察所总结出来的问题，安全典范人员都能主动地、定期地组织生产现场的人员一起探讨问题的根源与防范措施，以自身的力量带动员工形成分析的习惯，并习惯于在现场发现问题。安全典范人员遇到一些有外出参观学习的机会，在回来后主动总结知识点，组织相关人员进行培训与知识点的分享。同时，引进一些安全管理工作做得比较好的企业的方法与政策，再结合现场自身的情况进行转换，提升现场的安全管理水平。

e. 协助对现场的安全知识点的制作与宣传。总结现场经常会发生的一些安全事故/问题，通过现场板报的形式向现场的员工做出时刻的提醒；对安全板报的内容进行设计与内容的输出，着重强调一些跟区域内安全相关的问题，以及一些应急处理技巧；把区域内或一些重大的紧急预案以工作流程的形式向员工展示，以便在出现安全事故时能第一时间采取相对应的应急措施。为安全文化建设塑造一个良好的氛围。如图14－2所示。

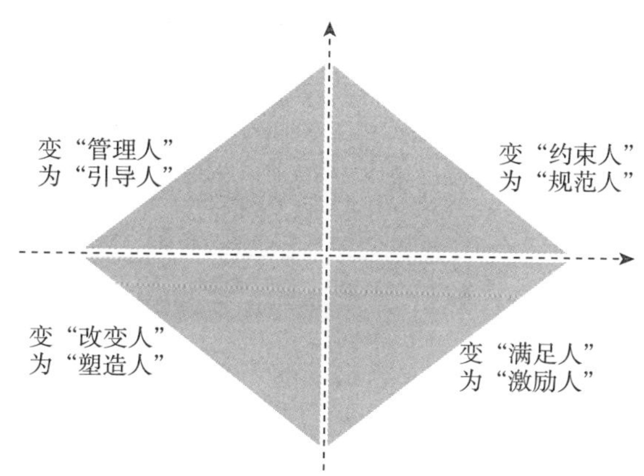

图14－2　安全文化建设的“几个纬度”

人是安全文化建设的主要实施者，而整个作业环境则是安全文化建设的载体。因此，要树立人的典范外，还要树立区域或针对某一要素建立典范。一般情况下，区域内或某一要素的典范需要具备以下条件，才能算得上是典范之称。

a. 整个区域的布置（管道、反应釜、计量仪器、监控设备、消防设备、材质）严格按工艺标准要求执行并符合工艺安全要求。管道走向清楚、挂牌明显、操作作业流程与关键控制点都有清晰的标注与提醒。现场的人员、物流通道通畅、照明光亮无暗区、区域划分与摆放整齐有序，整个环境的6S给人一种整齐、明亮、舒服的感觉。区域内或参与现场生产作业的人员都严格按要求佩戴劳保用品，且精神高度集中。

b. 现场的安全目标、安全标识/标语、板报等内容清晰、丰富，悬挂在区域内的指定地方。区域内人员有较强的安全意识并对每一位进入该区域的人员做好安全提示与观察。

c. 区域内的设备、设施都有详细的清单并有清晰的维护计划，每次的维护、维修都有记录并有向操作者或区域内部人员沟通、交接的记录，确保每次在维护后都有依据并将相关信息通知到个人，避免因变更引起安全事故的发生。

d. 如现场出现新项目或新设备时，工艺安全信息、工艺危害分析、培训等都要有相应的记录，并且现场的人员或区域负责人要主动对新项目和新设备的投入进行监督，在进行了该有的工艺危害分析后，还要对现场审查的问题点进行持续改善跟踪。同时，确保在设备开车前都进行了系统的安全大检查。在所有问题未完全得到解决前，项目不接受验收与交接，拒不接受进入生产。

参考文献：

【1】刘强．化工过程安全管理实施指南．中国石化出版社，2014. 6

【2】粟镇宇．工艺安全管理与事故预防．中国石化出版社，2007（2016. 7 重印）

附录　英文缩写词汇解释列表

序号	英文缩写	英文全称	中文全称	备注
1	PSM	PlayStation Mobile	工艺安全管理	
2	MOC	Management of Change	变更管理	
3	PSI	Play Safty Infornation	工艺安全信息	
4	PHA	Process Hazard Analysis	工艺危害分析	
5	PSSR	Pre-startup Safe Review	开车前安全检查	
6	PM	Project Manager	项目管理	
7	SOP	Standard Operating Procedure	标准作业程序	
8	HSE	Health、Safety、Environment	健康、安全、环境	
9	MSDS	Material Safety Data Sheet	化学品安全技术说明书	
10	SUSA	Safety and Un Safety Action	安全行为和不安全行为	
11	PTW	Pernit To Work	工作票	
12	JSA	Job Safety Analysis	工作安全分析	
13	RCA	Root Cause Analysis	根本原因分析	
14	QRA	Quantitative Risk Assessment	定量风险评估	
15	MAR	Major accident Risk	重大事故风险	
16	FTA	Fault Tree Analysis	故障树分析/失效模式与效果分析	
17	LOPA	Layer of Protection Analysis	保护层分析	
18	ETA	Event Tree Analysis	事件树分析	
19	CA	Consequences analysis	后果分析	
20	BTA	Bow-Tie Analysis	领结图分析	
21	PHR	Process Hazard Review	工艺危险审查	
22	FMEA	FailureModeand Effect Analysis	故障模式与影响分析	
23	DCS	Distributed Control System	分布式控制系统	
24	PLC	Programmble Controller	简单 PC，可编程控制器	
25	OEE	1. Overall Equipment Effectiveness	全设备利用效率	

推荐作者得新书!

博瑞森征稿启事

亲爱的读者朋友:

感谢您选择了博瑞森图书!希望您手中的这本书能给您带来实实在在的帮助!

博瑞森一直致力于发掘好作者、好内容,希望能把您最需要的思想、方法,一字一句地交到您手中,成为管理知识与管理实践的桥梁。

但是我们也知道,有很多深入企业一线、经验丰富、乐于分享的优秀专家,或者忙于实战没时间,或者缺少专业的写作指导和便捷的出版途径,只能茫然以待……

还有很多在竞争大潮中坚守的企业,有着异常宝贵的实践经验和独特的洞察,但缺少专业的记录和整理者,无法让企业的经验和故事被更多的人了解、学习……

对读者而言,这些都太遗憾了!

博瑞森非常希望能将这些埋藏的"宝藏"发掘出来,贡献给广大读者,让更多的人从中受益。

所以,我们真心地邀请您,我们的老读者,帮我们搜寻:

推荐作者

可以是您自己或您的朋友,只要对本土管理有实践、有思考;可以是您通过网络、杂志、书籍或其他途径了解的某位专家,不管名气大小,只要他的思想和方法曾让您深受启发。

可以是管理类作品,也可以超出管理,各类优秀的社科作品或学术作品。

推荐企业

可以是您自己所在的企业,或者是您熟悉的某家企业,其创业过程、运营经历、产品研发、机制创新,等等。无论企业大小,只要乐于分享、有值得借鉴书写之处。

总之,好内容就是一切!

博瑞森绝非"自费出书",出版费用完全由我们承担。您推荐的作者或企业案例一经采用,我们会立刻向您赠送书币 1000 元,可直接换取任何博瑞森图书的纸书或电子书。

感谢您对本土管理原创、博瑞森图书的支持!

推荐投稿邮箱:bookgood@126.com　　推荐手机:13611149991

1120 本土管理实践与创新论坛

这是由100多位本土管理专家联合创立的企业管理实践学术交流组织，旨在孵化本土管理思想、促进企业管理实践、加强专家间交流与协作。

论坛每年集中力量办好两件大事：第一，“**出一本书**”，汇聚一年的思考和实践，把最原创、最前沿、最实战的内容集结成册，贡献给读者；第二，“**办一次会**”，每年11月20日本土管理专家们汇聚一堂，碰撞思想、研讨案例、交流切磋、回馈社会。

论坛理事名单（以年龄为序，以示传承之意）

企业案例·老板传记

	书名．作者	内容/特色	读者价值
企业案例·老板传记	**你不知道的加多宝:原市场部高管讲述** 曲宗恺　牛玮娜　著	前加多宝高管解读加多宝	全景式解读,原汁原味
	借力咨询:德邦成长背后的秘密 官同良　王祥伍　著	讲述德邦是如何借助咨询公司的力量进行自身与发展的	来自德邦内部的第一线资料,真实、珍贵,令人受益匪浅
	娃哈哈区域标杆:豫北市场营销实录 罗宏文　赵晓萌　等著	本书从区域的角度来写娃哈哈河南分公司豫北市场是怎么进行区域市场营销,成为娃哈哈全国第一大市场、全国增量第一高市场的一些操作方法	参考性、指导性,一线真实资料
	六个核桃凭什么:从0过100亿 张学军　著	首部全面揭秘养元六个核桃裂变式成长的巨著	学习优秀企业的成长路径,了解其背后的理论体系
	像六个核桃一样:打造畅销品的36个简明法则 王　超　范　萍　著	本书分上下两篇:包括“六个核桃”的营销战略历程和36条畅销法则	知名企业的战略历程极具参考价值,36条法则提供操作方法
	解决方案营销实战案例 刘祖轲　著	用10个真案例讲明白什么是工业品的解决方案式营销,实战、实用	有干货、真正操作过的才能写得出来
	招招见销量的营销常识 刘文新　著	如何让每一个营销动作都直指销量	适合中小企业,看了就能用
	我们的营销真案例 联纵智达研究院　著	五芳斋粽子从区域到全国/诺贝尔瓷砖门店销量提升/利豪家具出口转内销/汤臣倍健的营销模式	选择的案例都很有代表性,实在、实操!
	中国营销战实录:令人拍案叫绝的营销真案例 联纵智达　著	51个案例,42家企业,38万字,18年,累计2000余人次参与……	最真实的营销案例,全是一线记录,开阔眼界
	双剑破局:沈坤营销策划案例集 沈　坤　著	双剑公司多年来的精选案例解析集,阐述了项目策划中每一个营销策略的诞生过程,策划角度和方法	一线真实案例,与众不同的策划角度令人拍案叫绝、受益匪浅
	宗:一位制造业企业家的思考 杨　涛　著	1993年创业,引领企业平稳发展20多年,分享独到的心得体会	难得的一本老板分享经验的书
	简单思考:AMT咨询创始人自述 孔祥云　著	著名咨询公司(AMT)的CEO创业历程中点点滴滴的经验与思考	每一位咨询人,每一位创业者和管理经营者,都值得一读
	边干边学做老板 黄中强　著	创业20多年的老板,有经验、能写、又愿意分享,这样的书很少	处处共鸣,帮助中小企业老板少走弯路
	三四线城市超市如何快速成长:解密甘雨亭 IBMG国际商业管理集团　著	国内外标杆企业的经验+本土实践量化数据+操作步骤、方法	通俗易懂,行业经验丰富,宝贵的行业量化数据,关键思路和步骤
	中国首家未来超市:解密安徽乐城 IBMG国际商业管理集团　著	本书深入挖掘了安徽乐城超市的试验案例,为零售企业未来的发展提供了一条可借鉴之路	通俗易懂,行业经验丰富,宝贵的行业量化数据,关键思路和步骤

互联网+

	书名．作者	内容/特色	读者价值
互联网+	**新营销** 刘春雄　著	新营销的新框架体系是场景是产品逻辑,IP是品牌逻辑,社群是连接逻辑,传播是营销逻辑	助力品牌商实现由传统营销到新营销的理念和行动的跨越,助力企业打赢升级转型之仗
	企业微信营销全指导 孙　巍　著	专门给企业看到的微信营销书,手把手教企业从小白到微信营销专家	企业想学微信营销现在还不晚,两眼一抹黑也不怕,有这本书就够

续表

互联网+	**企业网络营销这样做才对:B2B大宗B2C** 张　进　著	简单直白拿来就用,各种窍门信手拈来,企业网络营销不麻烦也不用再头疼,一般人不告诉他	B2B、大宗B2C企业有福了,看了就能学会网络营销
	互联网时代的银行转型 韩友诚　著	以大量案例形式为读者全面展示和分析了银行的互联网金融转型应对之道	结合本土银行转型发展案例的书籍
	正在发生的转型升级·实践 本土管理实践与创新论坛　著	企业在快速变革期所展现出的管理变革新成果、新方法、新案例	重点突出对于未来企业管理相关领域的趋势研判
	触发需求:互联网新营销样本·水产 何足奇　著	传统产业都在苦闷中挣扎前行,本书通过鲜活的案例告诉你如何以需求链整合供应链,从而把大家熟知的传统行业打碎了重构、重做一遍	全是干货,值得细读学习,并且作者的理论已经经过了他亲自操刀的实践检验,效果惊人,就在书中全景展示
	移动互联新玩法:未来商业的格局和趋势 史贤龙　著	传统商业、电商、移动互联,三个世界并存,这种新格局的玩法一定要懂	看清热点的本质,把握行业先机,一本书搞定移动互联网
	微商生意经:真实再现33个成功案例操作全程 伏泓霖　罗晓慧　著	本书为33个真实案例,分享案例主人公在做微商过程中的经验教训	案例真实,有借鉴意义
	阿里巴巴实战运营——14招玩转诚信通 聂志新　著	本书主要介绍阿里巴巴诚信通的十四个基本推广操作,从而帮助使用诚信通的用户及企业更好地提升业绩	基本操作,很多可以边学边用,简单易学
	阿里巴巴实战运营2:诚信通热卖技巧 聂嵘海　著	诚信通TOP商家赚钱的密码箱,手把手教你操作,拿来就用	图文并茂,内容齐全,直接可以对照使用
	抖音营销如何做:未来抖商 刘大贺　著	解密从0到1亿粉丝的实操路径,深度剖析抖音营销全系统策略	企业做抖音营销的第一书
	微商团队长:从入门到精通 罗品牌　著	由浅入深,涵盖微商团队长必学技能的方方面面	只要照着做,就能当好微商团队长
	互联网精准营销 蒋　军　著	怎么在互联网时代整体策划、包装品牌和产品,并在此基础上为企业设计商业模式,技术实现并运营落地	为有基础的小微企业(大企业的新项目)1年实现销售额过亿,2年对接资本,3年左右准IPO
	今后这样做品牌:移动互联时代的品牌营销策略 蒋　军　著	与移动互联紧密结合,告诉你老方法还能不能用,新方法怎么用	今后这样做品牌就对了
	互联网+"变"与"不变":本土管理实践与创新论坛集萃·2016 本土管理实践与创新论坛　著	本土管理领域正在产生自己独特的理论和模式,尤其在移动互联时代,有很多新课题需要本土专家们一起研究	帮助读者拓宽眼界、突破思维
	创造增量市场:传统企业互联网转型之道 刘红明　著	传统企业需要用互联网思维去创造增量,而不是用电子商务去转移传统业务的存量	教你怎么在"互联网+"的海洋中创造实实在在的增量
	重生战略:移动互联网和大数据时代的转型法则 沈　拓　著	在移动互联网和大数据时代,传统企业转型如同生命体打算与再造,称之为"重生战略"	帮助企业认清移动互联网环境下的变化和应对之道
	画出公司的互联网进化路线图:用互联网思维重塑产品、客户和价值 李　蓓　著	18个问题帮助企业一步步梳理出互联网转型思路	思路清晰、案例丰富,非常有启发性
	7个转变,让公司3年胜出 李　蓓　著	消费者主权时代,企业该怎么办	这就是互联网思维,老板有能这样想,肯定倒不了
	跳出同质思维,从跟随到领先 郭　剑　著	66个精彩案例剖析,帮助老板突破行业长期思维惯性	做企业竟然有这么多玩法,开眼界

续表

行业类:零售、白酒、食品/快消品、农业、医药、建材家居等			
	书名.作者	内容/特色	读者价值
零售·超市·餐饮·服装	**总部有多强大,门店就能走多远** IBMG 国际商业管理集团　著	如何把总部做强,成为门店的坚实后盾	了解总部建设的方法与经验
	超市卖场定价策略与品类管理 IBMG 国际商业管理集团　著	超市定价策略与品类管理实操案例和方法	拿来就能用的理论和工具
	连锁零售企业招聘与培训破解之道 IBMG 国际商业管理集团　著	围绕零售企业组织架构、培训体系建设等内容进行深刻探讨	破解人才发现和培养瓶颈的关键点
	中国首家未来超市:解密安徽乐城 IBMG 国际商业管理集团　著	介绍了乐城作为中国首家未来超市从无到有的传奇经历	了解新型零售超市的运作方式及管理特色
	三四线城市超市如何快速成长:解密甘雨亭 IBMG 国际商业管理集团　著	揭秘一家三四线连锁超市的经验策略	不但可以欣赏它的优点,而且可以学会它成功的方法
	新零售　新终端 迪智成咨询团队　著	梳理和提炼新零售的系统打法,将之落地在新终端建设上	让新零售这一看似形而上的商业概念有了可以落地的立足点
	新零售动作分解:建材　家居　家具 盛斌子　著	第一本锁定在家居建材、家电、家装等耐用消费品领域谈新零售的书	第一本谈新零售的具体动作、策略、方法、招术的书,拿来就用
	新零售进化趋势与未来格局 李政权　著	通过业态、品类、体验、场景等,逐一呈现新零售的未来进化	就新零售未来的发展方向与进化趋势给出一个确定性的未来
	涨价也能卖到翻 村松达夫　【日】	提升客单价的 15 种实用、有效的方法	日本企业在这方面非常值得学习和借鉴
	移动互联下的超市升级 联商网专栏频道　著	深度解析超市转型升级重点	帮助零售企业把握全局、看清方向
	手把手教你做专业督导:专卖店、连锁店 熊亚柱　著	从督导的职能、作用,在工作中需要的专业技能、方法,都提供了详细的解读和训练办法,同时附有大量的表单工具	无论是店铺需要统一培训,还是个人想成为优秀的督导,有这一本就够了
	百货零售全渠道营销策略 陈继展　著	没有照本宣科、说教式的絮叨,只有笔者对行业的认知与理解,庖丁解牛式的逐项解析、展开	通俗易懂,花极少的时间快速掌握该领域的知识及趋势
	零售:把客流变成购买力 丁　昀　著	如何通过不断升级产品和体验式服务来经营客流	如何进行体验营销,国外的好经营,这方面有启发
	餐饮企业经营策略第一书 吴　坚　著	分别从产品、顾客、市场、盈利模式等几个方面,对现阶段餐饮企业的发展提出策略和思路	第一本专业的、高端的餐饮企业经营指导书
	餐饮新营销 杨　勇　程绍珊　著	在新环境下,对餐饮营销管理进行了全面深入的解读,提供了方式方法	全面性、系统性,区别于市面上的纯操作类作品
	电影院的下一个黄金十年:开发·差异化·案例 李保煜　著	对目前电影院市场存大的问题及如何解决进行了探讨与解读	多角度了解电影院运营方式及代表性案例
	赚不赚钱靠店长:从懂管理到会经营 孙彩军　著	通过生动的案例来进行剖析,注重门店管理细节方面的能力提升	帮助终端门店店长在管理门店的过程中实现经营思路的拓展与突破
耐消品	**商用车经销商运营实战** 杜建君　王朝阳　章晓青　等著	从管理到经营,从销售到服务,系统化运作全指导	为经销商经营开阔思路,掌握方法
	汽车配件这样卖:汽车后市场销售秘诀 100 条 俞士耀　著	汽配销售业务员必读,手把手教授最实用的方法,轻松得来好业绩	快速上岗,专业实效,业绩无忧

续表

耐消品	**润滑油销售：这样说这样做更有效** 张金荣　著	针对渠道、经销商、终端的超实用话术	上车看，下车用，3 分钟就能学会。
	新经销：新零售时代，教你做大商 黄润霖　著	从选址、产品、促销、团队、规模阐述新经销变与不变的市场手法和操作思路	实地拜访近 100 位经销商在传统营销手法上的创新、新营销工具的发现
	珠宝黄金新营销 崔德乾　著	营销、品牌、产品、连接、场景、社群、服务、传播、管理及产业价值链	新营销在珠宝行业的实战应用，业内必备第一书
	跟行业老手学经销商开发与管理：家电、耐消品、建材家居 黄润霖　著	全部来源于经销商管理的一线问题，作者用丰富的经验将每一个问题落实到最便捷快速的操作方法上去	书中每一个问题都是普通营销人亲口提出的，这些问题你也会遇到，作者进行的解答则精彩实用
白酒	**酒水饮料快消品餐饮渠道营销手册** 朱伟杰　著	主要针对快消品（酒水、饮料）的餐饮渠道，提供了区域、商圈、不同业态的规划和促销安排等多种工具，并提出了经销商、批发商等相关人员的管理方法	一本酒水饮料如何在餐饮渠道销售的全能手册，内容深入翔实，可以直接照搬套用，这样的便利简直千金不换
	白酒到底如何卖 赵海永　著	以市场实战为主，多层次、全方位、多角度地阐释了白酒一线市场操作的最新模式和方法，接地气	实操性强，37 个方法、6 大案例帮你成功卖酒
	变局下的白酒企业重构 杨永华　著	帮助白酒企业从产业视角看清趋势，找准位置，实现弯道超车的书	行业内企业要减少 90%，自己在什么位置，怎么做，都清楚了
	1. 白酒营销的第一本书（升级版） **2. 白酒经销商的第一本书** 唐江华　著	华泽集团湖南开口笑公司品牌部长，擅长酒类新品推广、新市场拓展	扎根一线，实战
	区域型白酒企业营销必胜法则 朱志明　著	为区域型白酒企业提供 35 条必胜法则，在竞争中赢销的葵花宝典	丰富的一线经验和深厚积累，实操实用
	10 步成功运作白酒区域市场 朱志明　著	白酒区域操盘者必备，掌握区域市场运作的战略、战术、兵法	在区域市场的攻伐防守中运筹帷幄，立于不败之地
	酒业转型大时代：微酒精选 2014－2015 微酒　主编	本书分为五个部分：当年大事件、那些酒业营销工具、微酒独立策划、业内大调查和十大经典案例	了解行业新动态、新观点，学习营销方法
快消品·食品	**中国快消品营销的这些年** 史贤龙　著	作者精华文章的合集，一本书浓缩了过去十五年，中国营销的实战历程与前沿思考	快消品营销行业的案例和方法都原汁原味呈现，在反映当时风貌的同时，展望与反思
	营销中国茶：2 小时读懂茶叶营销 史贤龙　著	从不同视角对中国的茶营销进行了思考，内容涉及中国茶产业战略困境、茶企规模化、茶品牌崛起、茶文化、茶营销、茶消费、茶零售、茶道等	内容丰富扎实，文字流畅，浓缩的都是精华，让你 2 小时读懂茶叶营销
	这样打造快消品标杆市场 罗宏文　著	帮助你解决如何成功打造标杆市场和进行持续增量管理两大问题	一套系统的方法论，通俗易懂，可以直接套用
	5 小时读懂快消品营销：中国快消品案例观察 陈海超　著	多年营销经验的一线老手把案例掰开了、揉碎了，从中得出的各种手段和方法给读者以帮助和启发	营销那些事儿的个中秘辛，求人还不一定告诉你，这本书里就有
	快消品招商的第一本书：从入门到精通 刘　雷　著	深入浅出，不说废话，有工具方法，通俗易懂	让零基础的招商新人快速学习书中最实用的招商技能，成长为骨干人才
	乳业营销第一书 侯军伟　著	对区域乳品企业生存发展关键性问题的梳理	唯一的区域乳业营销书，区域乳品企业一定要看

续表

快消品·食品	金龙鱼背后的粮油帝国 余　盛　著	讲述金龙鱼品牌及母公司丰益国际的商业冒险故事	在精彩的阅读体验中学到营销管理的方法
	食用油营销第一书 余　盛　著	10 多年油脂企业工作经验,从行业到具体实操	食用油行业第一书,当之无愧
	中国茶叶营销第一书 柏　龑　著	如何跳出茶行业"大文化小产业"的困境,作者给出了自己的观察和思考	不是传统做茶的思路,而是现在商业做茶的思路
	调味品企业八大必胜法则 张　戟　著	八大规律性的关键成功要素,背后都有本土调味品企业的成功实践	"观点阐述+案例描述",行业必读
	调味品营销第一书 陈小龙　著	国内唯一一本调味品营销的书	唯一的调味品营销的书,调味品的从业者一定要看
	快消品营销人的第一本书:从入门到精通 刘　雷　伯建新　著	快消行业必读书,从入门到专业	深入细致,易学易懂
	变局下的快消品营销实战策略 杨永华　著	通胀了,成本增加,如何从被动应战变成主动的"系统战"	作者对快消品行业非常熟悉、非常实战
	快消品经销商如何快速做大 杨永华　著	本书完全从实战的角度,评述现象,解析误区,揭示原理,传授方法	为转型期的经销商提供了解决思路,指出了发展方向
	快消品营销:一位销售经理的工作心得 2 蒋　军　著	快消品、食品饮料营销的经验之谈,重点图书	来源与实战的精华总结
	快消品营销与渠道管理 谭长春　著	将快消品标杆企业渠道管理的经验和方法分享出来	可口可乐、华润的一些具体的渠道管理经验,实战
	成为优秀的快消品区域经理(升级版) 伯建新　著	用"怎么办"分析区域经理的工作关键点,增加 30% 全新内容,更贴近环境变化	可以作为区域经理的"速成催化器"
	销售轨迹:一位快消品营销总监的拼搏之路 秦国伟　著	本书讲述了一个普通销售员打拼成为跨国企业营销总监的真实奋斗历程	激励人心,给广大销售员以力量和鼓舞
	快消老手都在这样做:区域经理操盘锦囊 方　刚　著	非常接地气,全是多年沉淀下来的干货,丰富的一线经验和实操方法不可多得	在市场摸爬滚打的"老油条",那些独家绝招妙招一般你问都是问不来的
	动销四维:全程辅导与新品上市 高继中　著	从产品、渠道、促销和新品上市详细讲解提高动销的具体方法,总结作者 18 年的快消品行业经验,方法实操	内容全面系统,方法实操
农业	饲料营销有方法:策略　案例　工具 陈石平　著	跳出饲料看饲料,根据饲料营销的关键成功要素(KSF)提出 7 大核心命题	紧跟农牧产业发展大势,提高饲料企业营销竞争力
	新农资如何换道超车 刘祖轲　等著	从农业产业化、互联网转型、行业营销与经营突破四个方面阐述如何让农资企业占领先机、提前布局	南方略专家告诉你如何应对资源浪费、生产效率低下、产能严重过剩、价格与价值严重扭曲等
	中国牧场管理实战:畜牧业、乳业必读 黄剑黎　著	本书不仅提供了来自一线的实际经验,还收入了丰富的工具文档与表单	填补空白的行业必读作品
	中小农业企业品牌战法 韩　旭　著	将中小农业企业品牌建设的方法,从理论讲到实践,具有指导性	全面把握品牌规划,传播推广,落地执行的具体措施
	农资营销实战全指导 张　博　著	农资如何向"深度营销"转型,从理论到实践进行系统剖析,经验资深	朴实、使用! 不可多得的农资营销实战指导
	农产品营销第一书 胡浪球　著	从农业企业战略到市场开拓、营销、品牌、模式等	来源于实践中的思考,有启发
	变局下的农牧企业 9 大成长策略 彭志雄　著	食品安全、纵向延伸、横向联合、品牌建设……	唯一的农牧企业经营实操的书,农牧企业一定要看

续表

医药	**在中国，医药营销这样做：时代方略精选文集** 段继东　主编	专注于医药营销咨询15年，将医药营销方法的精华文章合编，深入全面	可谓医药营销领域的顶尖著作，医药界读者的必读书
	医药新营销：制药企业、医药商业企业营销模式转型 史立臣　著	医药生产企业和商业企业在新环境下如何做营销？老方法还有没有用？如何寻找新方法？新方法怎么用？本书给你答案	内容非常现实接地气，踏实谈问题说方法
	医药企业转型升级战略 史立臣　著	药企转型升级有5大途径，并给出落地步骤及风险控制方法	实操性强，有作者个人经验总结及分析
	新医改下的医药营销与团队管理 史立臣　著	探讨新医改对医药行业的系列影响和医药团队管理	帮助理清思路，有一个框架
	医药营销与处方药学术推广 马宝琳　著	如何用医学策划把"平民产品"变成"明星产品"	有真货、讲真话的作者，堪称处方药营销的经典！
	医药行业大洗牌与药企创新 林延君　沈　斌　著	一方面，围绕着变革，多角度阐述药企的应对之道；另一方面，紧扣实践，介绍近百家医药企业创新实践案例	医改变革10年，医药企业如何应对大洗牌？重磅出击的药企人必读书
	新医改了，药店就要这样开 尚　锋　著	药店经营、管理、营销全攻略	有很强的实战性和可操作性
	电商来了，实体药店如何突围 尚　锋　著	电商崛起，药店该如何突围？本书从促销、会员服务、专业性、客单价等多重角度给出了指导方向	实战攻略，拿来就能用
	OTC医药代表药店销售36计 鄢圣安　著	以《三十六计》为线，写OTC医药代表向药店销售的一些技巧与策略	案例丰富，生动真实，实操性强
	OTC医药代表药店开发与维护 鄢圣安　著	要做到一名专业的医药代表，需要做什么、准备什么、知识储备、操作技巧等	医药代表药店拜访的指导手册，手把手教你快速上手
	引爆药店成交率1：店员导购实战 范月明　著	一本书解决药店导购所有难题	情景化、真实化、实战化
	引爆药店成交率2：经营落地实战 范月明　著	最接地气的经营方法全指导	揭示了药店经营的几类关键问题
	引爆药店成交率：专业化销售解决方案 范月明　著	药品搭配分析与关联销售	为药店人专业化助力
	处方药合规推广实战宝典 赵佳震　著	推广体系搭建、推广人员岗位工作内容、推广服务外包商管理等六个方面	解决"医药代表转型"和"推广服务外包商管理"的困惑
	医药代理商实操全指导：新环境　新战法 戴文杰　著	结合医药市场政策环境解读新环境下医药招商的战法，着重分析药品产业链的盈利机会	医药销售业务人员的必备读物
	攻略基层诊所：医药营销这样做 张江民　著	对基层诊所的开发、维护和动销，拿来就用的方式方法	实战是本书的主旨，只要用心去看，就能在基层诊所市场中运用
	互联网医药的未来 动脉网　编著	介绍了互联网医药发展的现状与趋势	帮助创业者和投资人看清未来，把握当下
	处方药零售这样做 田　军　著	阐述了处方药零售的重要性，以及做处方药零售市场的具体措施和方法	系统性了解和掌握处方药零售方法
建材家居	**成为最赚钱的家具建材经销商** 李治江　著	从销售模式、产品、门店等老板们最关注和最需要的方面解决问题、提供方法	只要你是建材、家具、家居用品的经销商老板，这就是一本必读的书
	定制家居黄金十年 韩　锋　翁长华　著	梳理了定制家居的商业模式和发展情况	帮助定制家居看清方向，把握当下
	家具建材促销与引流 薛　亮　李永峰　著	十大促销模式的详细方法和工具	让你天天签大单

续表

建材家居	**家具行业操盘手** 王献永　著	家具行业问题的终结者	解决了干家具还有没有前途？为什么同城多店的家具经销商很难做大做强等问题
	建材家居营销：除了促销还能做什么 孙嘉晖　著	一线老手的深度思考，告诉你在建材家居营销模式基本停滞的今天，除了促销，营销还能怎么做	给你的想法一场革命
	建材家居营销实务 程绍珊　杨鸿贵　主编	价值营销运用到建材家居，每一步都让客户增值	有自己的系统、实战
	家居建材门店 6 力爆破 贾同领　著	合盘道出一线品牌销量秘籍	6 力招招见血，既有招数，又有策略
	建材家居门店销量提升 贾同领　著	店面选址、广告投放、推广助销、空间布局、生动展示、店面运营等	门店销量提升是一个系统工程，非常系统、实战
	10 步成为最棒的建材家居门店店长 徐伟泽　著	实际方法易学易用，让员工能够迅速成长，成为独当一面的好店长	只要坚持这样干，一定能成为好店长
	手把手帮建材家居导购业绩倍增：成为顶尖的门店店员 熊亚柱　著	生动的表现形式，让普通人也能成为优秀的导购员，让门店业绩长红	读着有趣，用着简单，一本在手、业绩无忧
	建材家居经销商实战 42 章经 王庆云　著	告诉经销商：老板怎么当、团队怎么带、生意怎么做	忠言逆耳，看着不舒服就对了，实战总结，用一招半式就值了
工业品	**销售是门专业活：B2B、工业品** 陆和平　著	销售流程就应该跟着客户的采购流程和关注点的变化向前推进，将一个完整的销售过程分成十个阶段，提供具体方法	销售不是请客吃饭拉关系，是个专业的活计！方法在手，走遍天下不愁
	解决方案营销实战案例 刘祖轲　著	用 10 个真案例讲明白什么是工业品的解决方案式营销，实战、实用	有干货、真正操作过的才能写得出来
	变局下的工业品企业 7 大机遇 叶敦明　著	产业链条的整合机会、盈利模式的复制机会、营销红利的机会、工业服务商转型机会……	工业品企业还可以这样做，思维大突破
	工业品市场部实战全指导 杜　忠　著	工业品市场部经理工作内容全指导	系统、全面、有理论、有方法，帮助工业品市场部经理更快提升专业能力
	工业品营销管理实务 李洪道　著	中国特色工业品营销体系的全面深化、工业品营销管理体系优化升级	工具更实战，案例更鲜活，内容更深化
	工业品企业如何做品牌 张东利　著	为工业品企业提供最全面的品牌建设思路	有策略、有方法、有思路、有工具
	丁兴良讲工业 4.0 丁兴良　著	没有枯燥的理论和说教，用朴实直白的语言告诉你工业 4.0 的全貌	工业 4.0 是什么？本书告诉你答案
	资深大客户经理：策略准，执行狠 叶敦明　著	从业务开发、发起攻势、关系培育、职业成长四个方面，详述了大客户营销的精髓	满满的全是干货
	两化融合管理系统贯标流程与方法 戴　勇　张华杰　张百荣　编著	全面梳理贯标流程和方法	帮助企业成功贯标
	一切为了订单：订单驱动下的工业品营销实战 唐道明　著	其实，所有的企业都在围绕着两个字在开展全部的经营和管理工作，那就是"订单"	开发订单、满足订单、扩大订单。本书全是实操方法，字字珠玑、句句干货，教你获得营销的胜利
金融	**交易心理分析** （美）马克·道格拉斯　著 刘真如　译	作者一语道破赢家的思考方式，并提供了具体的训练方法	不愧是投资心理的第一书，绝对经典
	精品银行管理之道 崔海鹏　何　屹　主编	中小银行转型的实战经验总结	中小银行的教材很多，实战类的书很少，可以看看

续表

金融	**支付战争** Eric M. Jackson　著 徐　彬　王　晓　译	PayPal创业期营销官，亲身讲述PayPal从诞生到壮大到成功出售的整个历史	激烈、有趣的内幕商战故事！了解美国支付市场的风云巨变
	中外并购名著专业阅读指南 叶兴平　等著	在5000多本并购类图书中精选的200著作，在阅读的基础上写的读书评价	精挑细选200本并一一评介，省去读者挑选的烦恼，快捷、高效
	新三板信息披露全流程：操作与工具 和珩科技　著	详细拆解董秘日常工作过程中所需的信息披露流程	董秘案头必备用书
	成功并购300本：一本书搞定并购难题 浩德军师并购联盟　著	从财务，税务，法律等角度详细解答疑问	能解决80%的并购问题
	互联网时代的银行转型 韩友诚　著	以大量案例形式为读者全面展示和分析了银行的互联网金融转型应对之道	结合本土银行转型发展案例的书籍
房地产	**产业园区/产业地产规划、招商、运营实战** 阎立忠　著	目前中国第一本系统解读产业园区和产业地产建设运营的实战宝典	从认知、策划、招商到运营全面了解地产策划
	人文商业地产策划 戴欣明　著	城市与商业地产战略定位的关键是不可复制性，要发现独一无二的“味道”	突破千城一面的策划困局
	中国城市群房地产投资策略 吕俊博　著	全方位、多角度分析城市群房地产现状是趋势	让亿元资产投资更理性、更安全
	电影院的下一个黄金十年：开发·差异化·案例 李保煜　著	对目前电影院市场存大的问题及如何解决进行了探讨与解读	多角度了解电影院运营方式及代表性案例
能源	**全能型班组：城市能源互联网与电力班组升级** 国网天津市电力公司　编著	借鉴国内外优秀企业的转型升级思路，通过对于新型班组组织模式和运行机制的大胆设想，力图构建充分适应内外环境变化的全能型班组	看看庞大的国企在新环境下是如何顺应时代的
	国网天津电力全能型班组建设实务 国网天津市电力公司　编著	本书聚焦于天津电力公司在探索全能型班组转型升级时的优秀实践	电力行业的班组实践，具体、可操作性强

经营类：企业如何赚钱，如何抓机会，如何突破，如何“开源”

	书名．作者	内容/特色	读者价值
抓方向	**让经营回归简单．升级版** 宋新宇　著	化繁为简抓住经营本质：战略、客户、产品、员工、成长	经典，做企业就这几个关键点！
	混沌与秩序Ⅰ：变革时代企业领先之道 **混沌与秩序Ⅱ：变革时代管理新思维** 彭剑锋　尚艳玲　主编	汇集华夏基石专家团队10年来研究成果，集中选择了其中的精华文章编纂成册	作者都是既有深厚理论积淀又有实践经验的重磅专家，为中国企业和企业家的未来提出了高屋建瓴的观点
	活系统：跟任正非学当老板 孙行健　尹　贤　著	以任正非的独到视角，教企业老板如何经营公司	看透公司经营本质，激活企业活力
	重构：快消品企业重生之道 杨永华　著	从7个角度，帮助企业实现系统性的改造	提供转型思想与方法，值得参考
	公司由小到大要过哪些坎 卢　强　著	老板手里的一张“企业成长路线图”	现在我在哪儿，未来还要走哪些路，都清楚了
	企业二次创业成功路线图 夏惊鸣　著	企业曾经抓住机会成功了，但下一步该怎么办？	企业怎样获得第二次成功，心里有个大框架了
	老板经理人双赢之道 陈　明　著	经理人怎养选平台、怎么开局，老板怎样选/育/用/留	老板生闷气，经理人牢骚大，这次知道该怎么办了

续表

抓方向	**简单思考:AMT 咨询创始人自述** 孔祥云　著	著名咨询公司(AMT)的 CEO 创业历程中点点滴滴的经验与思考	每一位咨询人,每一位创业者和管理经营者,都值得一读
	企业文化的逻辑 王祥伍　黄健江　著	为什么企业绩效如此不同,解开绩效背后的文化密码	少有的深刻,有品质,读起来很流畅
	使命驱动企业成长 高可为　著	钱能让一个人今天努力,使命能让一群人长期努力	对于想做事业的人,'使命'是绕不过去的
思维突破	**盈利原本就这么简单** 高可为　著	从财务的角度揭示企业盈利的秘密	多方面解读商业模式与盈利的关系,通俗易懂,受益匪浅
	经营:打造你的盈利系统 高可为　著	从盈利角度梳理了系统化的经营方式	让企业掌舵者把控经营全局
	创模式:23 个行业创新案例 段传敏　著	23 位行业精英的创新对话	创业者、转型者的实战参考
	企业良性成长:用顶层设计突破瓶颈 刘建兆　著	全方位介绍企业顶层设计的方法和思路	帮助企业用顶层设计突破成长瓶颈
	移动互联新玩法:未来商业的格局和趋势 史贤龙　著	传统商业、电商、移动互联,三个世界并存,这种新格局的玩法一定要懂	看清热点的本质,把握行业先机,一本书搞定移动互联网
	画出公司的互联网进化路线图:用互联网思维重塑产品、客户和价值 李　蓓　著	18 个问题帮助企业一步步梳理出互联网转型思路	思路清晰、案例丰富,非常有启发性
	重生战略:移动互联网和大数据时代的转型法则 沈　拓　著	在移动互联网和大数据时代,传统企业转型如同生命体打算与再造,称之为"重生战略"	帮助企业认清移动互联网环境下的变化和应对之道
	创造增量市场:传统企业互联网转型之道 刘红明　著	传统企业需要用互联网思维去创造增量,而不是用电子商务去转移传统业务的存量	教你怎么在"互联网+"的海洋中创造实实在在的增量
	7 个转变,让公司 3 年胜出 李　蓓　著	消费者主权时代,企业该怎么办	这就是互联网思维,老板有能这样想,肯定倒不了
	跳出同质思维,从跟随到领先 郭　剑　著	66 个精彩案例剖析,帮助老板突破行业长期思维惯性	做企业竟然有这么多玩法,开眼界
	互联网+"变"与"不变":本土管理实践与创新论坛集萃·2016 本土管理实践与创新论坛　著	加速本土管理思想的孕育诞生,促进本土管理创新成果更好地服务企业、贡献社会	各个作者本年度最新思想,帮助读者拓宽眼界、突破思维
	消费升级:实践　研究(文集) 本土管理实践与创新论坛　著	38 位管理专家及 7 位学者的精华思想,从经营、管理、行业及思想研究四个方面阐述中国企业在消费升级下的实践与研究	思想启发,行业借鉴
财务	**写给企业家的公司与家庭财务规划——从创业成功到富足退休** 周荣辉　著	本书以企业的发展周期为主线,写各阶段企业与企业主家庭的财务规划	为读者处理人生各阶段企业与家庭的财务问题提供建议及方法,让家庭成员真正享受财富带来的益处
	互联网时代的成本观 程　翔　著	本书结合互联网时代提出了成本的多维观,揭示了多维组合成本的互联网精神和大数据特征,论述了其产生背景、实现思路和应用价值	在传统成本观下为盈利的业务,在新环境下也许就成为亏损业务。帮助管理者从新的角度来看待成本,进一步做好精益管理

续表

财务	财报背后的投资机会 蒋　豹　著	以具体的公司案例分析，教你迅速看出财务报表与企业经营的关系、所反映的企业经营现状，从而找到投资机会	前四大会计所员工为读者解密财报，发现投资机会

管理类：效率如何提升，如何实现经营目标，如何“节流”

	书名．作者	内容/特色	读者价值
通用管理	让管理回归简单·升级版 宋新宇　著	从目标、组织、决策、授权、人才和老板自己层面教你怎样做管理	帮助管理抓住管理的要害，让管理变得简单
	让经营回归简单·升级版 宋新宇　著	从战略、客户、产品、员工、成长、经营者自身等七个方面，归纳总结出简单有效的经营法则	总结出的真正优秀企业的成功之道：简单
	让用人回归简单 宋新宇　著	从用人的原则、用人的难题与误区、用人的方法和用人者的修炼四大方面，总结出适合中小企业做好人才管理工作的法则	帮助管理者抓住用人的要害，让用人变得简单
	历史深处的管理智慧1：组织建设与用人之道 刘文瑞　著	对历史之典故、政事、人事、政制进行管理解析，鉴照企业人才的选用育留	推动理论与实践的对接，实现理性与情感的渗透，用中国话语说明管理智慧
	历史深处的管理智慧2：战略决策与经营运作 刘文瑞　著	对历史之典故、政事、人事、政制进行管理解析，鉴照企业战略设计与经营实践	推动理论与实践的对接，实现理性与情感的渗透，用中国话语说明管理智慧
	历史深处的管理智慧3：领导修炼与文化素养 刘文瑞　著	对历史之典故、政事、人事、政制进行管理解析，鉴照企业领导职业能力提升与文化修养	推动理论与实践的对接，实现理性与情感的渗透，用中国话语说明管理智慧
	管理的尺度 刘文瑞　著	对管理中的种种普遍性问题进行了批评	提高把握管理尺度的能力
	管理学在中国 刘文瑞　著	系统性介绍了管理学在中国的发展和演变	了解管理学在中国的发展脉络，更清晰理解管理学的本质
	看电影，懂管理 刘文瑞　著	16部经典电影，带你感悟管理智慧	能够帮助读者放松身心，驰骋想象，在不知不觉中增长智慧
	管理：以规则驾驭人性 王春强　著	详细解读企业规则的制定方法	从人与人博弈角度提升管理的有效性
	打造集成供应链：走出挂一漏十的改善困境 王春强　著	详解集成供应链全过程	帮助企业优化供应链管理
	用好骨干员工：关键人才培养与激励 王　敏　著	系统化分享关键人才打造与激励方法	企业能实在用人的最大化价值
	改变世界的管理学大师1：管理学的前世今生 刘文瑞　编著	介绍了古典管理学时期的大师事迹和思想	深入了解管理大师们的思想和智慧
	成为企业欢迎的咨询师 张国祥　著	从调研到落地，手把手教你咨询流程	不走弯路，方便直接的学到老咨询师的套路
	员工心理学超级漫画版 邢　雷　著	以漫画的形式深度剖析员工心理	帮助管理者更了解员工，从而更轻松地管理员工
	老板有想法，高层有干法：企业中的将帅之道 王清华　著	深入剖析老板与高管的异同	各司其职，各行其是，相辅相成
	分股合心：股权激励这样做 段磊　周剑　著	通过丰富的案例，详细介绍了股权激励的知识和实行方法	内容丰富全面、易读易懂，了解股权激励，有这一本就够了
	边干边学做老板 黄中强　著	创业20多年的老板，有经验、能写、又愿意分享，这样的书很少	处处共鸣，帮助中小企业老板少走弯路

续表

通用管理	**成为敏感而体贴的公司** 王　涛　著	本书为作者对企业的观察和冥想的随笔记录。从生活中的一个现象入手，进而探索现象背后的本质	从全新角度认识公司
	中国企业的觉醒：正直　善良　成长 王　涛　著	围绕着企业人如何发生转化展开，对中国人、中国文化及由此导致的企业现状的观察和思考	企业除了要利润，还需要道德
	有意识的思考：轻松化解问题的7个思考习惯 王　涛　著	本书是对思想、思考过程、思考方式进行的细致观察	养成好的思考习惯，更深刻地看问题
	中国式阿米巴落地实践之从交付到交易 胡八一　著	本书主要讲述阿米巴经营会计，"从交付到交易"，这是成功实施了阿米巴的标志	阿米巴经营会计的工作是有逻辑关联的，一本书就能搞定
	中国式阿米巴落地实践之激活组织 胡八一　著	重点讲解如何科学划分阿米巴单元，阐述划分的实操要领、思路、方法、技术与工具	最大限度减少"推行风险"和"摸索成本"，利于公司成功搭建适合自身的个性化阿米巴经营体系
	中国式阿米巴落地实践之持续盈利 胡八一　著	把企业做成平台，企业才能做大（格局）；把平台做成阿米巴，企业才能做强（专业）；把阿米巴做成合伙制，企业才能做久（机制）	中国式阿米巴落地实践三部曲的最后一部，告诉你企业如何做大做强做久
	集团化企业阿米巴实战案例 初勇钢　著	一家集团化企业阿米巴实施案例	指导集团化企业系统实施阿米巴
	阿米巴经营的中国模式 李志华　著	让员工从"要我干"到"我要干"，价值量化出来	阿米巴在企业如何落地，明白思路了
	欧博心法：好管理靠修行 曾　伟　著	用佛家的智慧，深刻剖析管理问题，见解独到	如果真的有'中国式管理'，曾老师是其中标志性人物
	领导这样点燃你的下属 孟广桥　著	领导者如何才能让员工积极主动地工作？如何让你的员工和下属保持工作的热情，自动自发？看了这本书就知道	只要你希望手下的"兵将"永远充满工作的斗志，这本书将使你获益良多
流程管理	**1. 用流程解放管理者** **2. 用流程解放管理者2** 张国祥　著	中小企业阅读的流程管理、企业规范化的书	通俗易懂，理论和实践的结合恰到好处
	跟我们学建流程体系 陈立云　著	畅销书《跟我们学做流程管理》系列，更实操，更细致，更深入	更多地分享实践，分享感悟，从实践总结出来的方法论
	人人都要懂流程 金国华　余雅丽　著	当前各企业流程管理方面最为典型的痛点现象及问题案例	通俗易懂，适合企业全员阅读
质量管理	**IATF16949质量管理体系详解与案例文件汇编：TS16949转版IATF16949:2016** 谭洪华　著	针对IATF的新标准做了详细的解说，同时指出了一些推行中容易犯的错误，提供了大量的表单、案例	案例、表单丰富，拿来就用
	五大质量工具详解及运用案例：APQP/FMEA/PPAP/MSA/SPC 谭洪华　著	对制造业必备的五大质量工具中每个文件的制作要求、注意事项、制作流程、成功案例等进行了解读	通俗易懂、简便易行，能真正实现学以致用
	ISO9001:2015新版质量管理体系详解与案例文件汇编 谭洪华　著	紧密围绕2015年新版质量管理体系文件逐条详细解读，并提供可以直接套用的案例工具，易学易上手	企业质量管理认证、内审必备
	ISO14001:2015新版环境管理体系详解与案例文件汇编 谭洪华　著	紧密围绕2015年新版环境管理体系文件逐条详细解读，并提供可以直接套用的案例工具，易学易上手	企业环境管理认证、内审必备

续表

质量管理	**ISO9001:2015 完整文件汇编:制造业** 贺红喜　著	按照 ISO9001 标准并超出标准的要求,提供了一套完整的制造业的质量管理体系文件	原汁原味完整收入,直接可以拿来就用
	SA8000:2014 社会责任管理体系认证实战 吕　林　著	作者根据自己的操作经验,按认证的流程,以相关案例进行说明 SA8000 认证体系	简单,实操性强,拿来就能用
	精益质量管理实战工具 贺小林　著	制造类企业日常工作中所需要的精益管理工具的归纳整理,并进行案例操作的细致分析	可以直接参考,实际解决生产中的具体问题
战略落地	**重生——中国企业的战略转型** 施　炜　著	从前瞻和适用的角度,对中国企业战略转型的方向、路径及策略性举措提出了一些概要性的建议和意见	对企业有战略指导意义
	公司大了怎么管:从靠英雄到靠组织 AMT 金国华　著	第一次详尽阐释中国快速成长型企业的特点、问题及解决之道	帮助快速成长型企业领导及管理团队理清思路,突破瓶颈
	低效会议怎么改:每年节省一半会议成本的秘密 AMT 王玉荣　著	教你如何系统规划公司的各级会议,一本工具书	教会你科学管理会议的办法
	年初订计划,年尾有结果:战略落地七步成诗 AMT 郭晓　著	7 个步骤教会你怎么让公司制定的战略转变为行动	系统规划,有效指导计划实现
人力资源	**HRBP 是这样炼成的之“菜鸟起飞”** 新　海　著	以小说的形式,具体解析 HRBP 的职责,应该如何操作,如何为业务服务	实践者的经验分享,内容实务具体,形式有趣
	HRBP 是这样炼成的之中级修炼 新　海　著	本书以案例故事的方式,介绍了 HRBP 在实际工作中碰到的问题和挑战	书中的 HR 解决方案讲究因时因地制宜、简单有效的原则,重在启发读者思路,可供各类企业 HRBP 借鉴
	HRBP 是这样炼成的之高级修炼 新　海　著	以故事的形式,展现了 HRBP 工作者在职业发展路上的层层深入和递进	为读者提供 HRBP 在实际工作中遇到种种问题的解决方案
	新任 HR 高管如何从 0 到 1 黄渊明　著	全景式展现新任高管华丽转身全过程	助力新任高管安全着陆
	HR 的劳动法内参 李皓楠　著	100 个劳动法案例和分析	轻松掌握劳动法知识,方便运用
	把面试做到极致:首席面试官的人才甄选法 孟广桥　著	作者用自己几十年的人力资源经验总结出的一套实用的确定岗位招聘标准、提升面试官技能素质的简便方法	面试官必备,没有空泛理论,只有巧妙的实操技能
	人力资源体系与 e－HR 信息化建设 刘书生　陈　莹　王美佳　著	将作者经历的人力资源管理变革、人力资源管理信息化咨询项目方法论、工具和成果全面展现给读者,使大家能够将其快速应用到管理实践中	系统性非常强,没有废话,全部是浓缩的干货
	回归本源看绩效 孙　波　著	让绩效回顾“改进工具”的本源,真正为企业所用	确实是来源于实践的思考,有共鸣
	世界 500 强资深培训经理人教你做培训管理 陈　锐　著	从 7 大角度具体细致地讲解了培训管理的核心内容	专业、实用、接地气

续表

人力资源	**曹子祥教你做激励性薪酬设计** 曹子祥　著	以激励性为指导，系统性地介绍了薪酬体系及关键岗位的薪酬设计模式	深入浅出，一本书学会薪酬设计
	曹子祥教你做绩效管理 曹子祥　著	复杂的理论通俗化，专业的知识简单化，企业绩效管理共性问题的解决方案	轻松掌握绩效管理
	把招聘做到极致 远　鸣　著	作为世界500强高级招聘经理，作者数十年招聘经验的总结分享	带来职场思考境界的提升和具体招聘方法的学习
	人才评价中心．超级漫画版 邢　雷　著	专业的主题，漫画的形式，只此一本	没想到一本专业的书，能写成这效果
	走出薪酬管理误区 全怀周　著	剖析薪酬管理的8大误区，真正发挥好枢纽作用	值得企业深读的实用教案
	集团化人力资源管理实践 李小勇　著	对搭建集团化的企业很有帮助，务实，实用	最大的亮点不是理论，而是结合实际的深入剖析
	我的人力资源咨询笔记 张　伟　著	管理咨询师的视角，思考企业的HR管理	通过咨询师的眼睛对比很多企业，有启发
	本土化人力资源管理8大思维 周　剑　著	成熟HR理论，在本土中小企业实践中的探索和思考	对企业的现实困境有真切体会，有启发
企业文化	**36个拿来就用的企业文化建设工具** 海融心胜　主编	数十个工具，为了方便拿来就用，每一个工具都严格按照工具属性、操作方法、案例解读划分，实用、好用	企业文化工作者的案头必备书，方法都在里面，简单易操作
	企业文化建设超级漫画版 邢　雷　著	以漫画的形式系统教你企业文化建设方法	轻松易懂好操作
	华夏基石方法：企业文化落地本土实践 王祥伍　谭俊峰　著	十年积累、原创方法、一线资料，和盘托出	在文化落地方面真正有洞察，有实操价值的书
	企业文化的逻辑 王祥伍　著	为什么企业之间如此不同，解开绩效背后的文化密码	少有的深刻，有品质，读起来很流畅
	企业文化激活沟通 宋杼宸　安　琪　著	透过新任HR总经理的眼睛，揭示出沟通与企业文化的关系	有实际指导作用的文化落地读本
	在组织中绽放自我：从专业化到职业化 朱仁健　王祥伍　著	个人如何融入组织，组织如何助力个人成长	帮助企业员工快速认同并投入到组织中去，为企业发展贡献力量
	企业文化定位·落地一本通 王明胤　著	把高深枯燥的专业理论创建成一套系统化、实操化、简单化的企业文化缔造方法	对企业文化不了解，不会做？有这一本从概念到实操，就够了
生产管理	**精益思维：中国精益如何落地** 刘承元　著	笔者二十余年企业经营和咨询管理的经验总结	中国企业需要灵活运用精益思维，推动经营要素与管理机制的有机结合，推动企业管理向前发展
	300张现场图看懂精益5S管理 乐　涛　编著	5S现场实操详解	案例图解，易懂易学
	高员工流失率下的精益生产 余伟辉　著	中国的精益生产必须面对和解决高员工流失率问题	确实来源于本土的工厂车间，很务实
	车间人员管理那些事儿 岑立聪　著	车间人员管理中处理各种“疑难杂症”的经验和方法	基层车间管理者最闹心、头疼的事，‘打包’解决

续表

生产管理	**1. 欧博心法:好管理靠修行** **2. 欧博心法:好工厂这样管** 曾 伟 著	他是本土最大的制造业管理咨询机构创始人,他从400多个项目、上万家企业实践中锤炼出的欧博心法	中小制造型企业,一定会有很强的共鸣
	欧博工厂案例1:生产计划管控对话录 **欧博工厂案例2:品质技术改善对话录** **欧博工厂案例3:员工执行力提升对话录** 曾 伟 著	最典型的问题、最详尽的解析,工厂管理9大问题27个经典案例	没想到说得这么细,超出想象,案例很典型,照搬都可以了
	工厂管理实战工具 欧博企管 编著	以传统文化为核心的管理工具	适合中国工厂
	苦中得乐:管理者的第一堂必修课 曾 伟 编著	曾伟与师傅大愿法师的对话,佛学与管理实践的碰撞,管理禅的修行之道	用佛学最高智慧看透管理
	比日本工厂更高效1:管理提升无极限 刘承元 著	指出制造型企业管理的六大积弊;颠覆流行的错误认知;掌握精益管理的精髓	每一个企业都有自己不同的问题,管理没有一剑封喉的秘笈,要从现场、现物、现实出发
	比日本工厂更高效2:超强经营力 刘承元 著	企业要获得持续盈利,就要开源和节流,即实现销售最大化,费用最小化	掌握提升工厂效率的全新方法
	比日本工厂更高效3:精益改善力的成功实践 刘承元 著	工厂全面改善系统有其独特的目的取向特征,着眼于企业经营体质(持续竞争力)的建设与提升	用持续改善力来飞速提升工厂的效率,高效率能够带来意想不到的高效益
	3A顾问精益实践1:IE与效率提升 党新民 苏迎斌 蓝旭日 著	系统的阐述了IE技术的来龙去脉以及操作方法	使员工与企业持续获利
	3A顾问精益实践2:JIT与精益改善 肖志军 党新民 著	只在需要的时候,按需要的量,生产所需的产品	提升工厂效率
	化工企业工艺安全管理实操 黄 娜 编著	化工企业工艺安全管理全指导	帮助企业树立安全意识,强化安全管理方法
	手把手教你做专业的生产经理 黄 娜 著	物流、信息流、资金流,让生产经理管理有抓手	从菜鸟到能把控全局
员工素质提升	**TTT培训师精进三部曲(上):深度改善现场培训效果** 廖信琳 著	现场把控不用慌,这里有妙招一用就灵	课程现场无论遇到什么样的情况都能游刃有余
	TTT培训师精进三部曲(中):构建最有价值的课程内容 廖信琳 著	这样做课程内容,学员有收获培训师也有收获	优质的课程内容是树立个人品牌的保证
	TTT培训师精进三部曲(下):职业功力沉淀与修为提升 廖信琳 著	从内而外提升自己,职业的道路一帆风顺	走上职业TTT内训师的康庄大道
	培训师,如何让你的事业长青:自我管理的10项法则 廖信琳 著	建立了一套完整的培训师自我管理体系,为培训师的职业成长与发展提供有益的指引	培训师如何在自己的职业道路上越走越高,事业长青,一直有所收获与成长?本书将给你答案
	管理咨询师的第一本书:百万年薪 千万身价 熊亚柱 著	从问题出发,发现问题、分析问题、解决问题,让两眼一抹黑的新人快速成长	管理咨询师初入职场,让这本书开启百万年薪之路

续表

员工素质提升	**手把手教你做专业督导：专卖店、连锁店** 熊亚柱　著	从督导的职能、作用，在工作中需要的专业技能、方法，都提供了详细的解读和训练办法，同时附有大量的表单工具	无论是店铺需要统一培训，还是个人想成为优秀的督导，有这一本就够了
	跟老板"偷师"学创业 吴江萍　余晓雷　著	边学边干，边观察边成长，你也可以当老板	不同于其他类型的创业书，让你在工作中积累创业经验，一举成功
	销售轨迹：一位快消品营销总监的拼搏之路 秦国伟　著	本书讲述了一个普通销售员打拼成为跨国企业营销总监的真实奋斗历程	激励人心，给广大销售员以力量和鼓舞
	在组织中绽放自我：从专业化到职业化 朱仁健　王祥伍　著	个人如何融入组织，组织如何助力个人成长	帮助企业员工快速认同并投入到组织中去，为企业发展贡献力量
	企业员工弟子规：用心做小事，成就大事业 贾同领　著	从传统文化《弟子规》中学习企业中为人处事的办法，从自身做起	点滴小事，修养自身，从自身的改善得到事业的提升
	手把手教你做顶尖企业内训师：TTT培训师宝典 熊亚柱　著	从课程研发到现场把控、个人提升都有涉及，易读易懂，内容丰富全面	想要做企业内训师的员工有福了，本书教你如何抓住关键，从入门到精通
	28天速成文案高手 秦　士　安　丽　著	解构优秀品牌和出彩文案背后的逻辑，28天循序渐进成为文案高手	让优质文案变成"智慧工厂"般的工序管理与稳定出品
	让投诉顾客满意离开：客户投诉应对与管理 孟广桥　著	立足于投诉处理的实践，剖析了不同投诉者投诉的特点和应对措施，并提供各种技巧方法、赢得客户信赖所需培养的品质修炼、处理投诉应掌握的法律法规等工具	是投诉处理人员适应岗位职能需要、提升工作技能的良师益友，是企业变诉为金、培养业务骨干的法宝

营销类：把客户需求融入企业各环节，提供"客户认为"有价值的东西

	书名．作者	内容/特色	读者价值
营销模式	**精品营销战略** 杜建君　著	以精品理念为核心的精益战略和营销策略	用精品思维赢得高端市场
	变局下的营销模式升级 程绍珊　叶　宁　著	客户驱动模式、技术驱动模式、资源驱动模式	很多行业的营销模式被颠覆，调整的思路有了！
	动销操盘：节奏掌控与社群时代新战法 朱志明　著	在社群时代把握好产品生产销售的节奏，解析动销的症结，寻找动销的规律与方法	都是易读易懂的干货！对动销方法的全面解析和操盘
	弱势品牌如何做营销 李政权　著	中小企业虽有品牌但没名气，营销照样能做的有声有色	没有丰富的实操经验，写不出这么具体、详实的案例和步骤，很有启发
	老板如何管营销 史贤龙　著	高段位营销16招，好学好用	老板能看，营销人也能看
	洞察人性的营销战术：沈坤教你28式 沈　坤　著	28个匪夷所思的营销怪招令人拍案叫绝，涉及商业竞争的方方面面，大部分战术可以直接应用到企业营销中	各种谋略得益于作者的横向思维方式，将其操作过的案例结合其中，提供的战术对读者有参考价值
	动销：产品是如何畅销起来的 吴江萍　余晓雷　著	真真切切告诉你，产品究竟怎么才能卖出去	击中痛点，提供方法，你值得拥有
	1000铁杆女粉丝 张兵武　著	连接是女性与生俱来的特质。能善用连接的营销人员，就像拿到打开女性荷包的钥匙	重新认识女性的传播力量
	360°谈营销：一位营销咨询师20年实战洞察 王清华　古怀亮　著	各个角度，全方位，多视点剥营销	思路单一，此书帮你破

续表

营销模式	**营销按钮:扣动一触即发的力量** 老　苗　著	提供各种奇形怪状的营销武器	一定会带给你不一样的思维震撼
	孙子兵法营销战 刘文新　著	逐句解读孙子兵法,以及在营销方面的感悟	帮助营销人用智慧打营销仗
销售	**资深大客户经理:策略准,执行狠** 叶敦明　著	从业务开发、发起攻势、关系培育、职业成长四个方面,详述了大客户营销的精髓	满满的全是干货
	大客户销售这样说这样做 陆和平　著	大客户销售十大模块68个典型销售场景应对策略和话术,直接拿来就用	从"为什么要这么干"到"干什么、怎么干"
	成为资深的销售经理:B2B、工业品 陆和平　著	围绕"销售管理的六个关键控制点"一一展开,提供销售管理的专业、高效方法	方法和技术接地气,拿来就用,从销售员成长为经理不再犯难
	销售是门专业活:B2B、工业品 陆和平　著	销售流程就应该跟着客户的采购流程和关注点的变化向前推进,将一个完整的销售过程分成十个阶段,提供具体方法	销售不是请客吃饭拉关系,是个专业的活计! 方法在手,走遍天下不愁
	向高层销售:与决策者有效打交道 贺兵一　著	一套完整有效的销售策略	有工具,有方法,有案例,通俗易懂
	学话术　卖产品 张小虎　著	分析常见的顾客异议,将优秀的话术模块化	让普通导购员也能成为销售精英
组织和团队	**升级你的营销组织** 程绍珊　吴越舟　著	用"有机性"的营销组织替代"营销能人",营销团队变成"铁营盘"	营销队伍最难管,程老师不愧是营销第1操盘手,步骤方法都很成熟
	用数字解放营销人 黄润霖　著	通过量化帮助营销人员提高工作效率	作者很用心,很好的常备工具书
	成为优秀的快消品区域经理(升级版) 伯建新　著	用"怎么办"分析区域经理的工作关键点,增加30%全新内容,更贴近环境变化	可以作为区域经理的"速成催化器"
	成为资深的销售经理:B2B、工业品 陆和平　著	围绕"销售管理的六个关键控制点"一一展开,提供销售管理的专业、高效方法	方法和技术接地气,拿来就用,从销售员成长为经理不再犯难
	一位销售经理的工作心得 蒋　军　著	一线营销管理人员想提升业绩却无从下手时,可以看看这本书	一线的真实感悟
	快消品营销:一位销售经理的工作心得2 蒋　军　著	快消品、食品饮料营销的经验之谈,重点突出	来源于实战的精华总结
	销售轨迹:一位快消品营销总监的拼搏之路 秦国伟　著	本书讲述了一个普通销售员打拼成为跨国企业营销总监的真实奋斗历程	激励人心,给广大销售员以力量和鼓舞
	用营销计划锁定胜局:用数字解放营销人2 黄润霖　著	全方位教你怎么做好营销计划,好学好用真简单	照搬套用就行,做营销计划再也不头痛
	快消品营销人的第一本书:从入门到精通 刘　雷　伯建新　著	快消行业必读书,从入门到专业	深入细致,易学易懂
产品	**产品开发管理方法·流程·工具:从作坊式到规范化** 任彭枞　著	产品研发管理体系全指导	既有工具,又能开拓思路
	新产品开发管理,就用IPD(升级版) 郭富才　著	10年IPD研发管理咨询总结,国内首部IPD专业著作	一本书掌握IPD管理精髓

续表

产品	**这样打造大单品：案例　策略　方法** 迪智成咨询团队　著	囊括十三个不同行业、企业的实际案例，从不同角度详细剖析、总结了这些品牌厂家打造大单品的成功经验或者失败教训	厘清大单品打造的策划与路径，得出持续经营的思路与方法
	研发体系改进之道 靖　爽　陈年根　马鸣明　著	提出一套系统性的方法与工具	指引企业少走弯路，提高成功率
	资深项目经理这样做新产品开发管理 秦海林　著	以IPD为思想，系统讲解新产品开管理的细节	提供管理思路和实用工具
	产品炼金术Ⅰ：如何打造畅销产品 史贤龙　著	满足不同阶段、不同体量、不同行业企业对产品的完整需求	必须具备的思维和方法，避免在产品问题上走弯路
	产品炼金术Ⅱ：如何用产品驱动企业成长 史贤龙　著	做好产品、关注产品的品质，就是企业成功的第一步	必须具备的思维和方法，避免在产品问题上走弯路
品牌	**中小企业如何建品牌** 梁小平　著	中小企业建品牌的入门读本，通俗、易懂	对建品牌有了一个整体框架
	采纳方法：破解本土营销8大难题 朱玉童　编著	全面、系统、案例丰富、图文并茂	希望在品牌营销方面有所突破的人，应该看看
	中国品牌营销十三战法 朱玉童　编著	采纳20年来的品牌策划方法，同时配有大量的案例	众包方式写作，丰富案例给人启发，极具价值
	今后这样做品牌：移动互联时代的品牌营销策略 蒋　军　著	与移动互联紧密结合，告诉你老方法还能不能用，新方法怎么用	今后这样做品牌就对了
	中小企业如何打造区域强势品牌 吴　之　著	帮助区域的中小企业打造自身品牌，如何在强壮自身的基础上往外拓展	梳理误区，系统思考品牌问题，切实符合中小区域品牌的自身特点进行阐述
渠道通路	**深度分销：掌控渠道价值链** 施　炜　著	制造商通过掌控渠道价值链，将管理触角延伸至零售层面及顾客现场，对市场根部精耕细作，从而挖掘需求，构筑区域市场尤其是三四级市场的竞争壁垒	深度分销是中国企业对世界营销的独特贡献。实践证明，互联网时代深度分销仍有生命力
	快消品营销与渠道管理 谭长春　著	将快消品标杆企业渠道管理的经验和方法分享出来	可口可乐、华润的一些具体的渠道管理经验，实战
	传统行业如何用网络拿订单 张　进　著	给老板看的第一本网络营销书	适合不懂网络技术的经营决策者看
	采纳方法：化解渠道冲突 朱玉童　编著	系统剖析渠道冲突，21个渠道冲突案例、情景式讲解，37篇讲义	系统、全面
	学话术　卖产品 张小虎　著	分析常见的顾客异议，将优秀的话术模块化	让普通导购员也能成为销售精英
	向高层销售：与决策者有效打交道 贺兵一　著	一套完整有效的销售策略	有工具，有方法，有案例，通俗易懂
	通路精耕操作全解：快消品20年实战精华 周　俊　陈小龙　著	通路精耕的详细全解，每一步的具体操作方法和表单全部无保留提供	康师傅二十年的经验和精华，实践证明的最有效方法，教你如何主宰通路

管理者读的文史哲·生活

	书名．作者	内容/特色	读者价值
思想·文化	**德鲁克管理思想解读** 罗　珉　著	用独特视角和研究方法，对德鲁克的管理理论进行了深度解读与剖析	不仅是摘引和粗浅分析，还是作者多年深入研究的成果，非常可贵
	德鲁克与他的论敌们：马斯洛、戴明、彼得斯 罗　珉　著	几位大师之间的论战和思想碰撞令人受益匪浅	对大师们的观点和著作进行了大量的理论加工，去伪存真、去粗存精，同时有自己独特的体系深度

续表

思想·文化	**德鲁克管理学** 张远凤　著	本书以德鲁克管理思想的发展为线索，从一个侧面展示了20世纪管理学的发展历程	通俗易懂，脉络清晰
	王阳明“万物一体”论：从“身－体”的立场看（修订版） 陈立胜　著	以身体哲学分析王阳明思想中的“仁”与“乐”	进一步了解传统文化，了解王阳明的思想
	自我与世界：以问题为中心的现象学运动研究 陈立胜　著	以问题为中心，对现象学运动中的“意向性”“自我”“他人”“身体”及“世界”各核心议题之思想史背景与内在发展理路进行深入细致的分析	深入了解现象学中的几个主要问题
	作为身体哲学的中国古代哲学 张再林　著	上篇为中国古代身体哲学理论体系奠基性部分，下篇对由“上篇”所开出的中国身体哲学理论体系的进一步的阐发和拓展	了解什么是真正原生态意义上的中国哲学，把中国传统哲学与西方传统哲学加以严格区别
	中西哲学的歧异与会通 张再林　著	本书以一种现代解释学的方法，对中国传统哲学内在本质尝试一种全新的和全方位的解读	发掘出掩埋在古老传统形式下的现代特质和活的生命，在此基础上揭示中西哲学“你中有我，我中有你”之旨
	治论：中国古代管理思想 张再林　著	本书主要从儒、法墨三家阐述中国古代管理思想	看人本主义的管理理论如何不留斧痕地克服似乎无法调解的存在于人类社会行为与社会组织中的种种两难和对立
	车过麻城　再晤李贽 张再林　著	系统全面而又简明扼要地展示了李贽独到的学术眼力和超拔的理论建树	帮助读者重新认识李贽的思想
	中国古代政治制度（修订版）上：皇帝制度与中央政府 刘文瑞　著	全面论证了古代皇帝制度的形成和演变的历程	有助于读者从政治制度角度了解中国国情的历史渊源
	中国古代政治制度（修订版）下：地方体制与官僚制度 刘文瑞　著	全面论证了古代地方政府的发展演变过程	有助于读者从政治制度角度了解中国国情的历史渊源
	中国思想文化十八讲（修订版） 张茂泽　著	中国古代的宗教思想文化，如对祖先崇拜、儒家天命观、中国古代关于“神”的讨论等	宗教文化和人生信仰或信念紧密相联，在文化转型时期学习和研究中国宗教文化就有特别的现实意义
	史幼波《大学》讲记 史幼波　著	用儒释道的观点阐释大学的深刻思想	一本书读懂传统文化经典
	史幼波《周子通书》《太极图说》讲记 史幼波　著	把形而上的宇宙、天地，与形而下的社会、人生、经济、文化等融合在一起	将儒家的一整套学修系统融合起来
	史幼波《中庸》讲记（上下册） 史幼波　著	全面、深入浅出地揭示儒家中庸文化的真谛	儒释道三家思想融会贯通
	梁涛讲《孟子》之万章篇 梁　涛　著	《万章》主要记录孟子与万章的对话，涉及孝道、亲情、友情、出仕为官等	作者的解读能帮助读者更好地理解孟子及儒学
	两晋南北朝十二讲（修订版） 李文才　著	作为一本普及性读物，作者尊重史实，运用“历史心理学”的叙事方法，分12个专题对两晋南北朝的历史进行阐述	让读者轻松了解两晋南北朝的历史
	每个中国人身上的春秋基因 史贤龙　著	春秋368年（公元前770－公元前403年），每一个中国人都可以在这段时期的历史中找到自己的祖先，看到真实发生的事件，同时也看到自己	长情商、识人心
	与《老子》一起思考：德篇 **与《老子》一起思考：道篇** 史贤龙　著	打通文史，回归哲慧，纵贯古今，放眼中外，妙语迭出，在当今的老子读本中别具一格	深读有深读的回味，浅尝有浅尝的机敏，可给读者不同的启发